Key Skills für die Generation Y

D1671591

Lizenz zum Wissen.

Sichern Sie sich umfassendes Wirtschaftswissen mit Sofortzugriff
auf tausende Fachbücher und Fachzeitschriften aus den Bereichen:
Management, Finance & Controlling, Business IT, Marketing,
Public Relations, Vertrieb und Banking.

Exklusiv für Leser von Springer-Fachbüchern: Testen Sie Springer
für Professionals 30 Tage unverbindlich. Nutzen Sie dazu im
Bestellverlauf Ihren persönlichen Aktionscode C0005407 auf
www.springerprofessional.de/buchkunden/

Jetzt
30 Tage
testen!

Springer für Professionals.
Digitale Fachbibliothek. Themen-Scout. Knowledge-Manager.

- Zugriff auf tausende von Fachbüchern und Fachzeitschriften
- Selektion, Komprimierung und Verknüpfung relevanter Themen
  durch Fachredaktionen
- Tools zur persönlichen Wissensorganisation und Vernetzung

www.entschieden-intelligenter.de

Springer für Professionals

Thomas Würzburger

Key Skills für die Generation Y

Die wichtigsten Tipps für eine erfüllte Karriere

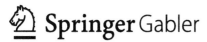

Thomas Würzburger
Salzburg, Österreich

ISBN 978-3-658-12737-4   ISBN 978-3-658-12738-1 (eBook)
DOI 10.1007/978-3-658-12738-1

Die Deutsche Nationalbibliothek verzeichnet diese Publikation in der Deutschen Nationalbibliografie; detaillierte bibliografische Daten sind im Internet über http://dnb.d-nb.de abrufbar.

Springer Gabler
© Springer Fachmedien Wiesbaden 2016
Das Werk einschließlich aller seiner Teile ist urheberrechtlich geschützt. Jede Verwertung, die nicht ausdrücklich vom Urheberrechtsgesetz zugelassen ist, bedarf der vorherigen Zustimmung des Verlags. Das gilt insbesondere für Vervielfältigungen, Bearbeitungen, Übersetzungen, Mikroverfilmungen und die Einspeicherung und Verarbeitung in elektronischen Systemen.
Die Wiedergabe von Gebrauchsnamen, Handelsnamen, Warenbezeichnungen usw. in diesem Werk berechtigt auch ohne besondere Kennzeichnung nicht zu der Annahme, dass solche Namen im Sinne der Warenzeichen- und Markenschutz-Gesetzgebung als frei zu betrachten wären und daher von jedermann benutzt werden dürften.
Der Verlag, die Autoren und die Herausgeber gehen davon aus, dass die Angaben und Informationen in diesem Werk zum Zeitpunkt der Veröffentlichung vollständig und korrekt sind. Weder der Verlag, noch die Autoren oder die Herausgeber übernehmen, ausdrücklich oder implizit, Gewähr für den Inhalt des Werkes, etwaige Fehler oder Äußerungen.

Gedruckt auf säurefreiem und chlorfrei gebleichtem Papier

Springer Gabler ist Teil von Springer Nature
Die eingetragene Gesellschaft ist Springer Fachmedien Wiesbaden GmbH

Ich widme dieses Buch meinen Kindern Laura und Thomas. Sie gehören zur Kohorte der jüngsten Mitbürger unserer Gesellschaft, welche als Erste die Früchte der Arbeit von denjenigen ernten werden, für die ich dieses Buch geschrieben habe: die Generation Y.

Vorwort

„Weltoffen, kreativ und sehr gut ausgebildet!" Viele Unternehmer sind begeistert von dem Potenzial eurer Generation. Als *„kompromisslos, fordernd und zu freizeitorientiert"* beschreiben euch andere. Ihr strebt nach Selbstverwirklichung und zwar jetzt und nicht erst im Ruhestand. Die Frage nach dem „Warum?" ist für euch keine rhetorische. Ihr seid bereit, viel zu geben, wenn ihr dafür auch mal ein Jahr nach Mexiko gehen könnt. Ihr seid immer online und teilt Wohnungen, Autos und Lebenserfahrungen. Ihr seid in vielen Bereichen anders und in anderen traditionell. Ihr polarisiert und fordert uns ältere Generationen heraus!

Als 1968 Geborener gehöre ich zur Generation X und auch zu jenen, die eure Lebenseinstellung gleichermaßen überfordert wie begeistert. In meiner jahrelangen Arbeit mit Hunderten Vertretern eurer Generation habe ich auch eure Fragen, Anliegen und Sorgen kennengelernt. Diese und der Glaube an das Veränderungspotenzial eurer Generation haben mich dazu bewogen, dieses Buch zu schreiben. Es war und ist mir ein Herzensanliegen, euch leistungswillige junge Menschen zu unterstützen und euch mit meiner Lebenserfahrung, Antworten und Orientierung für euer berufliches Leben zu geben.

Dabei ist es mir wichtig, euch Mut zu machen. Ich möchte euch Mut machen, euer Potenzial zu nutzen, neue Wege zu beschreiten, Veränderungen herbeizuführen und schwierige Zeiten durchzustehen. Ich möchte euch aber auch auf die Herausforderungen dieser extrem dynamischen Arbeitswelt aufmerksam machen, auf die Risiken hinweisen und die Chancen aufzeigen. Denn so sehr ich auch an eure Qualitäten glaube, so steht für mich fest, dass auch ihr nicht darum herumkommen werdet, euch an bestimmte Entwicklungen der Arbeitswelt oder Strukturen in Unternehmen anzupassen.

Darüber hinaus lassen gegenwärtige Entwicklungen in der Wirtschaft, der Gesellschaft und Politik nicht darauf hoffen, dass dies einfacher wird. Noch für ältere Generationen relevante soziale Absicherungen wie zum Beispiel eine Rente auf Lebenszeit, wird eure Generation wohl nur mehr aus Erzählungen kennen. Es wird also sehr auf euch selbst ankommen: auf eure Fähigkeiten, eure Leistungsbereitschaft und eure Willenskraft.

Welche Key Skills euch helfen können, in eurem Job zielgerichtet voranzukommen, zeige ich in diesem Buch. Ich biete Antworten auf die Frage, wie sich heute Menschen – selbst in jungen Jahren – zu selbstkompetenten und authentischen Persönlichkeiten entfalten können. Ich erkläre euch, warum es nicht ausreichen wird, gut ausgebildet zu sein, und zeige euch, was es brauchen wird, um auch in Zukunft selbstverantwortlich, inhaltlich herausfordernd und gut bezahlt arbeiten zu können.

Dabei bietet „Key Skills für die Generation Y" keine Fertigrezepte. Vielmehr ist es mein Ziel, Zugänge zu vermitteln und Verständnis zu fördern, wie ihr euren individuellen Weg des Erfolges bestreiten könnt und auf welche Kompetenzen es ankommen wird.

Diese Kompetenzen, die in zahlreichen Gesprächen und Interviews mit ausgewählten Vertretern eurer Generation sowie Experten aus Wissenschaft und Wirtschaft als zentral herausgearbeitet wurden, sind der Wesenskern dieses Buches. Sie sind als hilfreiche Wegweiser zur Orientierung zu verstehen, für einen höchst individuellen Weg, der immer mit dem ersten Schritt begonnen werden muss. Dieser Weg beginnt in euch selbst.

Dieses Buch ist ein Mutbuch, das die Bedürfnisse eurer Generation ernst nimmt. Es soll euch ermutigen, die Anforderungen der neuen Arbeitswelt anzunehmen, um eure Arbeit selbstbestimmt, flexibel und erfüllend gestalten zu können. Ist mir das gelungen, freue ich mich über euer positives Feedback! Seid ihr anderer Meinung, bin ich gleichermaßen interessiert wie dankbar über eure Rückmeldung. Ihr erreicht mich unter www.thomaswuerzburger.com oder direkt unter fidescum@thomaswuerzburger.com.

Salzburg   Thomas Würzburger
März 2016

Der Autor

THOMAS WÜRZBURGER, geboren 1968, ist promovierter Jurist und Wirtschaftswissenschafter. Er gilt als erfrischende Ausnahmeerscheinung im Trainings- und Beratungsgeschäft. Seine Zuhörer begeistert er gleichermaßen mit seinem fundierten Wissen wie mit seinem Charme und Humor. In seinen Vorträgen spannt er den Bogen von der Politik bis zur Wirtschaft und zu ausgewählten Managementthemen.

Der Autor begann seine Karriere nach seinen Studien an der Universität Salzburg und Innsbruck als Assistent des Vorstandsvorsitzenden in der größten österreichischen Versicherungsgruppe in Wien und wechselte dann in eine Großbank nach Frankfurt am Main. Danach arbeitete er in der Energiebranche. Er half beim Aufbau verschiedener Unternehmen mit und fungierte dabei als Geschäftsführer, Partner und Berater. Thomas Würzburger ist eingetragener Mediator in der Liste des Bundesministeriums für Justiz in Österreich und seit 2004 zertifizierter Senior Projektmanager (IPMA Level B ®). Seit 2008 ist Thomas Würzburger selbstständiger Trainer, Speaker und Berater und arbeitet mit ausgewählten Kooperationspartnern zusammen.

Er gilt bei seinen Kunden als einer der beliebtesten Management Trainer im deutschsprachigen Raum und bildete zahlreiche Menschen – darunter Hunderte Ypsiloner – zu Projektleitern und Führungskräften aus. Seine Stärke liegt auch hier in seinem breiten Kompetenzfeld. Sowohl persönliche und soziale Kompetenzen in der Führungskräfteentwicklung als auch methodische Fähigkeiten im Projekt- und Konfliktmanagement zählen dabei zu seinen Schwerpunkten in der Lehrtätigkeit.

Zudem lehrt Thomas Würzburger seit Jahren an verschiedenen Akademien, Fachhochschulen und Universitäten in Deutschland und Österreich. Zum Kundenkreis gehören u. a. die TÜV Süd Akademie Deutschland, das Management Center Innsbruck (MCI), die Steinbeis Hochschule Berlin (SHB), die FH Kufstein und die University of Salzburg Business School (SMBS).

Danksagung

Dieses Buch zu schreiben bedurfte vieler Anläufe und Helfer. Vor Jahren begann ich mit dem Schreiben und habe immer wieder neue Ansätze und Gedanken ins Spiel gebracht. Meine Frau Marlis begleitete mich dabei von Anfang an mit ihren klugen Gedanken und Tipps. Birgit Schreder-Wallinger unterstützte mich in der Zusammenarbeit mit Verlag und Interviewpartnern. Ihre wertvolle Hilfe ermöglichte es, dieses Buch für junge Ypsiloner endlich zu finalisieren.

Mein herzlicher Dank gilt meinen Interviewpartnern:

Andrea Auer, die als erfahrene Personalchefin ihre kritische und zugleich konstruktive Sichtweise, im Sinne der Y Generation, einfließen ließ.

Franz Wührer für seine Freundschaft und seinen jahrzehnte langen Erfahrungsschatz, den er als ehemaliger Recruiter und Geschäftsführer, in vielen Gesprächen mit mir teilte.

Jutta Rump, die als eine der bedeutendsten Kennerinnen der Materie, ihr wissenschaftlich fundiertes Wissen zur Verfügung stellte.

Klaus Röder für sein langjähriges Praxiswissen, welches er aus einem bedeutenden Industrieunternehmen in Deutschland mitbringt und in mein Buch einbrachte.

Magdalena Schöner, für ihre Offenheit und Bereitschaft, ihre beruflichen Erfahrungen mit mir und meinen Lesern zu teilen.

Michael Landertshammer für seine Zeit, die er mir als Leiter der größten Bildungseinrichtung Österreichs und als wirtschaftspolitischer Know-how-Träger freundlicherweise geschenkt hat.

Miriam Kahaun für den erfrischenden Einblick in die Welt einer jungen Ypsilonerin, der mich wiederum bestätigte, dass es sich bei dieser Generation um etwas Besonderes handelt.

Tanja Roos für die Perspektive einer jungen Unternehmerin und Mutter, deren Freude am Leben und Entscheidungskompetenz mich sehr beeindruckten.

Vera Strehle für den wertvollen Einblick in das Leben einer jungen Ypsilonerin, die bereits eine Führungsposition erreicht hat. Ihre Fachexpertise gleichermaßen wie ihre persönlichen Einschätzungen waren äußerst wertvoll für meine Arbeit.

Wolfgang Loitzl für seine ungewöhnlich offenen Worte, die er als einer der besten Schispringer, Mehrfachweltmeister und Noch-Ypsiloner einbrachte.

Besonderer Dank gilt auch meinen Kooperationspartnern, insbesondere Gernot Winkler, Christian Sterrer und Kirstin Buschmann für die langjährige Zusammenarbeit.

Aus Gründen der besseren Lesbarkeit habe ich mich entschieden, nur die männliche Form zu verwenden. Selbstverständlich soll dies keinesfalls Frauen gegenüber Männern diskriminieren, sondern für beide Geschlechter gleichermaßen gelten.

Weiters habe ich mich entschieden die Zielgruppe der Ypsilon-Leserschaft als „eure" Generation anzusprechen und mich an „euch" Ypsiloner zu wenden. Selbstverständlich soll dies niemand abwerten oder vereinnahmen, sondern meine Verbundenheit und Wertschätzung dieser jungen Generation gegenüber verdeutlichen.

Inhaltsverzeichnis

Die Generation Y

1

1.1 Warum alle über euch reden

Eine große Generation

1980 ist lange her. In fortschrittlicheren Familien konnte man bereits vom hauseigenen Festnetztelefon den Cousin in der anderen Stadt anrufen. Jene wie ich – ich war damals zwölf Jahre alt – deren Väter überzeugt waren, dass ein eigenes Telefon für diese wenigen Anlässe wirklich nicht notwendig sei, versuchten, in der nächstgelegenen Telefonzelle private Gespräche zu führen. Es war das Jahr der Olympischen Sommerspiele in der Sowjetunion. Gehörten wir auch beim Telefon nicht zu den Vorreitern, waren wir Teil jener Familien, die zu dieser Zeit bereits einen Farbfernseher besaßen. Wir verfolgten die Spiele in unserem Röhrenfarbfernseher, dem Stolz der Familie. Die Mannschaften der UdSSR und der DDR dominierten. Sie gewannen mehr als die Hälfte aller vergebenen Medaillen.

Unter dem Motto „Sehen und gesehen werden, ist des Poppers Glück auf Erden" zelebrierten die Popper, Mitglieder einer deutschen Jugendkultur, ein unpolitisches und wenig gesellschaftskritisches Leben. Mit ihren Vespas, Lacoste Shirts und Sonnenbrillen versuchten sie, vor allem bei der Damenwelt Aufsehen zu erregen.

Aus heutiger Sicht schienen Unternehmen kommunikationstechnisch in der Steinzeit. 1980 gab es noch nicht einmal Faxgeräte! Unternehmen kommunizierten hauptsächlich per Briefverkehr. Gezeichnet durch die zweite Ölkrise 1979/80 und den schon sehr lange andauernden Kalten Krieg hoffte die Weltwirtschaft auf ein Ende der Stagnation, wieder steigende Beschäftigungszahlen und ein geeintes Europa.

© Springer Fachmedien Wiesbaden 2016
T. Würzburger, *Key Skills für die Generation Y*,
DOI 10.1007/978-3-658-12738-1_1

Fünfzehn Jahre später, 1995, war bereits einiges anders. Statt Kotletten und Schmalzlocken trugen die Männer vermehrt Schnauzbart und die Damen waren blonder als je zuvor. Die ersten Handys tauchten auf, wenngleich auch noch in der Größe von Festnetzgeräten, nur eben ohne Kabel. Revolutionär und damals umstritten war der Einzug des Internets. Zu dieser Zeit besuchte man sogenannte „Internet Cafés", um „ins Internet zu gehen". Ein Artikel der „newsweek" aus dem Jahr 1995 titelte: „The Internet? Bah!" Der Autor, Clifford Stoll, ein US-Astronom, versuchte mit diesem Beitrag wohl, die Gesellschaft wieder auf den Boden der Realität zurückzuholen, und machte sich über die unglaublichen Prognosen der Techniker lustig: „Visionaries see a future of telecommuting workers, interactive libraries and multimedia classrooms. They speak of electronic town meetings and virtual communities. Commerce and business will shift from offices and malls to networks and modems. And the freedom of digital networks will make government more democratic. Baloney."[1] (Stoll 1995)

Die noch 1980 bei den Olympischen Spielen siegreichen Nationen UdSSR und DDR gab es 1995 bereits nicht mehr. Der Kalte Krieg war beendet.

So unterschiedlich diese beiden Geburtsjahre sein mögen – so haben sie doch ein gemeinsames Merkmal: Sie sind Anfang und Ende eurer Generation, der Generation Y. Einer Bevölkerungskohorte, deren Mitglieder zwischen 1980 und 1995 geboren wurden.[2] Ihr jungen Menschen wurdet hineingeboren in eine Zeit großer technischer Revolutionen (allem voran das Internet), weitreichender politischer Umbrüche und steigenden Wohlstands. Ihr seid die erste Generation, die spätestens seit ihrer Jugendzeit mit den technischen Neuerungen wie Internet und Handy aufwuchs – die ersten Digital Natives. Allem voran aber seid ihr eine Generation, über die viel diskutiert und noch mehr gemeckert wird und die manche als die „heimlichen Revolutionäre" sehen.

Viel Lärm um euch junge Leute also! Die US-amerikanischen Historiker William Strauss und Neil Howe, die mit ihrem Werk „Millennials rising" einen Grundstein in der Forschung um eure Generation gelegt haben, bezeichnen euch als „The next great generation". Laut den beiden Autoren seid ihr aktive Bürger mit

---

[1] Visionäre sehen eine Zukunft von Telearbeitern, interaktiven Bibliotheken und Multimedia-Klassen. Sie reden von elektronischen/Online-Bürgerversammlungen und virtuellen Gemeinschaften. Handel und Arbeit werden sich von Büros und Hallen in Netzwerke und Modems verlagern. Und die Möglichkeiten digitaler Netzwerke werden Regierungen demokratischer machen. Was für ein Unsinn!

[2] Es gibt unterschiedliche Auffassungen darüber, wann die Generation Y beginnt und endet. Für einige meint diese Generation alle zwischen 1977 und 1995 Geborenen, für andere beginnt sie mit den Geburtenjahrgängen 1985 und endet 2000 und für wieder andere zählen alle nach 1980 und vor der Jahrtausendwende Geborenen dazu. Meine Auffassung von dieser Generation umfasst alle zwischen 1980 und 1995 Geborenen.

einem ausgeprägten Sinn für Gemeinschaft, sowohl lokal als auch global. (Strauss und Howe 2000).

Auch der bekannte deutsche Sozialwissenschafter und Buchautor Klaus Hurrelmann glaubt in seinem Buch „Die heimlichen Revolutionäre" an das positive Veränderungspotenzial eurer Generation. Laut Hurrelmann haben diese Veränderungen aber nicht nur das Ziel, euren materiellen Wohlstand zu steigern oder zu halten. Vielmehr geht es eurer Generation auch darum, Zeit für Freunde und Familie zu haben, gute Arbeitsbedingungen vorzufinden und in einer ökologisch intakten Umwelt zu leben. Und diese Generation ist bereit, ihr Leben dafür umzustellen, so Hurrelmann. Schon heute machen immer weniger junge Leute einen Führerschein oder besitzen ein Auto. Viele von euch kaufen regionale Lebensmittel und gebrauchte Möbel, Kleidung oder Fahrräder. Für Hurrelmann hat diese heimliche Revolution gerade erst begonnen. Sie wird die Welt in einigen Jahren jedoch eine andere sein lassen! (Hurrelmann und Albrecht 2014).

Eine andere, bessere Welt. Die gegenwärtige Situation unserer Population auf dem Planeten Erde bietet ausreichend Potenzial zur Weiterentwicklung. Gesellschaftlich sehe ich eine Entwicklung in Richtung Weltgesellschaft. Unter Weltgesellschaft verstehe ich nicht eine Weltherrschaft eines Konzerns wie Google, der alle Daten in der Hand hält und unsere nationalen Staaten gänzlich ersetzen könnte. Ich fasse darunter eine Gesellschaft, für deren Mitglieder nationalstaatliche Grenzen aufgrund ihres Kommunikationsverhaltens mehr und mehr redundant werden, kommunizieren, interagieren und informieren sich die Mitglieder dieser Weltgesellschaft doch zunehmend international. Eine Gesellschaft, deren Mitglieder Freundschaften über Tausende von Kilometern hinweg pflegen, nicht davor zurückschrecken, sich für einen Arbeitsplatz zu bewerben, der im Ausland liegt, vorausgesetzt er verspricht eine interessante, sinnerfüllte Tätigkeit, und sich über Google News nicht regional, sondern themenzentriert informieren. Eure Generation ist für mich die erste Generation dieser Weltgesellschaft.

Mit Freude nehme ich wahr, dass sich eure Generation wieder berühren lässt von den großen gesellschaftlichen und politischen Fragen. Die Generation Y fragt zu Recht nach dem „Warum?" und macht ihrem Label damit alle Ehre („Y" wird im Englischen ausgesprochen wie „Why" und steht damit sinnbildlich für die Sinnsuche dieser Generation). Es beruhigt mich zu sehen, dass für viele von euch ethnischer Hintergrund oder religiöse Zugehörigkeit eurer Arbeitskollegen, Freunde oder Partner keine Rolle spielen – im Gegenteil, ihr findet Bereicherung in anderen Kulturen und Lebensweisen. Wie Strauss und Howe es beschreiben, ist diese Offenheit gepaart mit einem ausgeprägten Sinn für ein Miteinander. Nicht zuletzt darum teile ich meine Hoffnung mit anderen, dass eure Generation etwas bewegen und Gesellschaft, Politik und auch die Arbeitswelt revolutionieren kann!

▶ Yes Y can!

Eure Generation und die demografische Entwicklung
Eure Generation hätte also jegliche Voraussetzung, Großes zu leisten, Umbrüche zu erwirken, vieles besser zu machen. Wären da nicht überall die Älteren. Die Babyboomer, geboren zwischen 1945 und 1964. Sie stellen die mit Abstand größte Alterskohorte in der europäischen Gesellschaft dar. Die mittlerweile in die Jahre gekommenen Babyboomer sitzen nicht nur an den Schalthebeln der politischen Macht, die deutsche Bundeskanzlerin ist eine Babyboomerin, das Durchschnittsalter europäischer Parlamentsabgeordneter liegt bei etwa 50 Jahren. Gemeinsam mit den Älteren der Generation X (1965–1979) bestimmen sie auch das wirtschaftliche Geschehen: Der Großteil der deutschen Konzernvorstände ist über 48 Jahre. Die Mehrheit bestimmt, wer regiert und was produziert wird. Es ist die Gruppe der Babyboomer, die 80 Prozent aller deutschen Neuwagen kauft, die für die Hälfte des Jahresumsatzes in der deutschen Tourismusbranche sorgt – die Älteren sind in allen wichtigen Märkten die wichtigsten Konsumenten und werden es auch bleiben. Denn die, die nachkommen, werden immer weniger sein und geringere Kaufkraft besitzen.

Erstmals in der Geschichte stellen die Älteren die Mehrheit der Bevölkerung dar. Während der Bauch der Zwiebel in der Bevölkerungspyramide zu meiner Schulzeit noch im Bereich der Jugend lag, verschiebt sich diese Ausbuchtung immer weiter nach oben. Die Bevölkerungspyramide, die meine Kinder in der Schule zu sehen bekommen werden, wird langsam die Form eines Pilzes annehmen. Wenige junge, im Erwerb stehende Menschen tragen auf ihren Schultern eine große Menge von Ruheständlern. Dass der Generationen-Vertrag dann so nicht mehr funktionieren kann, werden wir selbst und nicht erst unsere Kinder zu spüren bekommen.

Eure Generation wird es somit nicht leicht haben, die Älteren aus ihren Schaltzentralen zu vertreiben und sich Gehör zu verschaffen. Eine Entwicklung, die mit diesem demografischen Wandel einhergeht, kommt euch allerdings zugute: der Arbeitskräfte- und insbesondere der Fachkräftemangel an europäischen Arbeitsmärkten. Untersuchungen belegen eindeutig, dass in Zukunft mit einer Verringerung des Erwerbspersonenpotenzials zu rechnen ist. „Ein genereller Arbeitskräftemangel wird dadurch nicht unbedingt zu erwarten sein (…), sehr wohl jedoch eine Knappheit qualifizierter Arbeitskräfte", erklärt Jutta Rump, Betriebswirtschafterin und Direktorin des Instituts für Beschäftigung und Employability der FH Ludwigshafen, in einem Interview. (Rump 2015)

Schon heute haben Unternehmen Schwierigkeiten, bestimmte, insbesondere hoch spezialisierte Stellen nachzubesetzen. Informationstechnologen, Maschinenbauer, Elektrotechniker, Mathematiker, Krankenpfleger sind Mangelware.

Durch den dadurch stattfindenden Machtwandel am Arbeitsmarkt werden künftig die Unternehmen und nicht die Bewerber die Bittsteller sein. Das kann eure Generation durchaus optimistisch stimmen! Im Unterschied zu uns älteren Generationen, die wir darauf trainiert waren, besser, schneller und günstiger zu sein, da neben uns bereits zig andere auf diesen Job warteten, werdet ihr Ypsiloner davon profitieren, nur wenige zu sein. „Die Mitglieder der Generation Y können ihre Vorstellungen in die Berufswelt retten, weil sie davon profitieren, dass es nur wenige von ihnen gibt", signalisiert Jutta Rump eurer Generation. (Rump 2015)

Verstärken werdet ihr eure Position durch eure gute Ausbildung. Noch nie zuvor hat eine derart gut ausgebildete Generation den Arbeitsmarkt betreten: Innerhalb der OECD verfügen fast 40 Prozent der 25- bis 34-Jährigen über einen akademischen Abschluss. Damit ist es 32 Prozent der jungen Menschen gelungen, ein höheres Bildungsniveau als ihre Eltern zu erreichen. (OECD 2014)

Den Zusammenhang zwischen Bildung und Jobsicherheit bzw. Einkommen stellt die OECD-Studie auch ganz klar dar. Während über 80 Prozent der Erwachsenen mit Tertiärabschluss erwerbstätig sind, sind es nur 60 Prozent der Personen ohne Abschluss im Sekundarbereich II (Matura oder Abitur). Ähnlich zeigt sich der Zusammenhang hinsichtlich Einkommen. Erwachsene mit Tertiärabschluss verdienen im Durchschnitt rund 70 Prozent mehr als diejenigen ohne Matura oder Abitur. (OECD 2014)

Es zeigt sich also sehr deutlich, worauf es für künftige Arbeitnehmer ankommen wird und wer die traurigen Verlierer sein werden – nämlich jene ohne Ausbildung und Abschluss. Experten schätzen den Anteil jener mit schlechten Perspektiven am Arbeitsmarkt etwa auf ein Fünftel. Bleibt zu hoffen, dass es die Kreativität eurer Generation schaffen wird, auch für diese Gruppe eurer Generation neue Wege zu öffnen.

1.2 Was ihr habt, was wir nicht hatten

Ihr Kinder der Helikopter-Eltern

Auch wenn es schon fast 40 Jahre her ist, so kann ich mich noch gut an meine Kindheit in einer Stadtwohnung erinnern. Ich lebte dort mit meiner Familie bis zum zehnten Lebensjahr in den späten Siebzigerjahren. Wir Kinder durften im Hof spielen. Radfahren, Rollerfahren und generell Lärmen waren allerdings strengstens verboten. Wir mussten Rücksicht auf ältere Mitbewohner nehmen.

So wichen wir gerne auf öffentliche Fußgängerwege aus und erfreuten uns an verbotenen Spielen. Wir warfen die Zeitungsständer beim Rollerfahren um und prügelten uns mit den Jungs benachbarter Wohnblocks. Ich wuchs wie viele meiner Freunde in einer größeren Familie auf. Wir waren vier Geschwister. Mein Vater verließ frühmorgens das Haus, um seinem geregelten Beruf nachzugehen. Meine Mutter war zu Hause. Sie sagte immer voller Stolz, dass sie Mutter von vier Kindern sei. Sie kümmerte sich um uns – tagaus, tagein. Führerschein hatte sie keinen. Unsere Stadtwohnung war häufig zu klein für die Energie von vier heranwachsenden Kindern. Ein eigenes Haus zu besitzen, war immer ihr Traum gewesen. Dem ordnete sie sehr viel unter. Sparen, um sich etwas aufbauen zu können, war für uns eine vorgelebte Tugend.

Als eure Eltern Kinder bekamen, erfreuten sich die meisten von ihnen schon am beschaulichen Leben der Wohlstandsgesellschaft mit all ihren neuen Möglichkeiten. Sie wollten und wollen ihren Kindern mehr bieten! Sie versuchten, sich Zeit zu nehmen für ihre Sprösslinge, sie mitentscheiden zu lassen, sie zu bejahen, zu motivieren, zu fördern und zu loben und ihnen zu vermitteln, dass ihnen die Welt zu Füßen läge. Diese Entwicklung beobachtend, prägten Journalisten den Begriff der Helikopter-Eltern. Väter und Mütter, die mit Adleraugen über den Aktivitäten ihrer Kinder wachen, jeden Schritt kommentierend, immer mit der schützenden Hand zur Seite und sicherlich immer ein Lob auf den Lippen.

Den Wandel in den Erziehungsstilen zeigt das sogenannte „Generationen Barometer", für das das Institut für Demoskopie Allensbach 2200 Deutsche über 16 Jahren zu ihren Kindheitserfahrungen bzw. ihrer Elternrolle befragt hat. Die Marktforscher baten sowohl meine Generation (über 45- bis 59-Jährige) als auch eure Generation, das typische Merkmal der eigenen Erziehung zu beschreiben. Annähernd jeder zweite Befragte (48 Prozent) meiner Generation gab Strenge als wesentliches Merkmal seiner Erziehung an. Dies galt nur für acht Prozent der Befragten aus eurer Generation. Dafür beschrieben 71 Prozent von euch Ypsilonern ihre eigene Kindheit als eine Zeit mit „viel Freiheit, in der man oft machen konnte, was man wollte". Diese Erinnerung teilten nur ein Drittel der 45- bis 59-Jährigen.

Auch auf die Frage, ob sich die Befragten selbst in materiellem Wohlstand aufwachsen sahen, bietet diese Studie ein interessantes Ergebnis. Der Aussage „Meine Eltern haben mir viel geboten" stimmten in meiner Altersgruppe nur 26 Prozent zu. Bei den Befragten aus eurer Altersklasse, den bis 29-Jährigen, waren es mehr als die Hälfte (53 Prozent). (Haumann 2010)

Euer Heranwachsen war somit ein deutlich anderes als das meiner Generation – eines mit mehr materiellen Möglichkeiten, einer erhöhten Aufmerksamkeit von Eltern, Großeltern und Betreuern und mehr Freiheiten. In der öffentlichen Diskussion resultiert daraus leider allzu oft der Vorwurf des verwöhnten, des überbehüteten und des schlecht erzogenen Ypsiloners ohne Durchhaltevermögen. Vergleicht man euer

Heranwachsen mit dem meiner Generation oder sogar noch mit jenem meiner Elterngeneration, mag das auf den ersten Blick so erscheinen. Für mich persönlich hat es eure Generation aber nicht leichter – die Herausforderungen sind nur andere geworden. Selbstverständlich habt ihr Ypsiloner Entbehrung nicht mehr so erlebt wie meine Eltern. Dafür müsst ihr lernen, aus einem permanenten Überangebot zu wählen, und zahlt den Preis für den Überkonsum der Generationen vor euch. Natürlich wurdet ihr Ypsiloner umsorgt oder sogar verhätschelt. Dafür könnt ihr euch nicht mehr auf die Stabilität eurer Familie verlassen. Und selbstverständlich wuchst ihr mit mehr Freiheiten und eigenem Willen auf, dafür müsst ihr euch bereits in jungen Jahren in einer Welt behaupten, die viel dynamischer ist, als wir sie jemals erlebt haben.

Ihr Krisenkinder

9/11 veränderte vieles – und nahm eurer Generation zum Teil ihre Unbekümmertheit. Plötzlich schien Unmögliches möglich, das Selbstverständnis einer unbestrittenen Vormachtstellung der westlichen Welt fand ein jähes Ende und der darauffolgende weltweite Terror machte klar, dass auch wir innerhalb unserer vermeintlich sicheren NATO- oder EU-Grenzen verwundbar sind. Die Anschlagserie in Paris am 13. November 2015, bei der über 100 Menschen an sechs unterschiedlichen Schauplätzen von Terroristen ermordet wurden, setzte Europa in eine neue Alarmbereitschaft. Zur gleichen Zeit strömen Hunderttausende Flüchtlinge aus Syrien, Afghanistan, dem Irak und anderen arabischen Ländern in die EU. Die Menschen sind verunsichert, die Politik ist überfordert.

Nach 9/11 folgte eine Krise der nächsten: Ein nie zuvor da gewesener Kollaps der Finanzmärkte stürzte die westliche Welt in eine epochale Wirtschaftskrise. Staaten gingen bankrott. Mit unvorstellbaren Summen aus Rettungsfonds versuchte man, noch Schlimmeres abzuwenden und das System am Laufen zu halten. Millionen von Menschen verloren Arbeit, Haus und Hoffnung.

Im Dezember 2010 löste der Tod des tunesischen Gemüsehändlers Mohamed Bouazizi landesweite Proteste gegen das autoritär herrschende Regime in Tunesien, die Jugendarbeits- und Perspektivenlosigkeit, die Willkür der Polizei, Korruption und die sozialen Missstände im Land aus. Aus einzelnen Protestmärschen wurde dank digitaler Kommunikation eine landesweite Revolution, die bald weitere Staaten im Maghreb bzw. im Nahen Osten erfasste. Der Arabische Frühling, wie die Revolution genannt wurde, ließ zu Beginn auf längst überfällige Reformen und neue Chancen für die betroffenen Staaten hoffen. Leider blieben in vielen von ihnen ein Machtvakuum, Chaos und Bürgerkrieg zurück. Ihren Vorteil aus dieser Situation zieht die Terrormiliz Islamischer Staat (IS), die mit kaum vorstellbarer Grausamkeit ihr Regime auszuweiten versucht. Die Welt erschaudert vor dieser Brutalität und ist ratlos und gelähmt.

Für eine Generation, die in dieser Epoche eigentlich ihre Jugend, ihre Zeit der Unbekümmertheit erleben sollte, sind derart einschneidende Ereignisse prägend. Wie selten zuvor schien in diesen Jahren kaum ein Stein auf dem anderen zu bleiben. Die Krisen sowohl politisch als auch wirtschaftlich und ökologisch waren fundamental, zum Teil neuwertig und ihre Ausmaße kaum einschätzbar. So ist es nicht nur die gegenwärtige Situation, die es der Jugend schwer macht, unbekümmert zu sein. Vielmehr ist es der Blick in die Zukunft, der kaum ungewisser sein kann. „Selten hat sich eine Generation einem so aussichtlos scheinenden Kampf um ihre Zukunft gegenübergesehen." So beschreibt Klaus Hurrelmann, der Berliner Jugendforscher, die Situation eurer Generation. (Hurrelmann und Albrecht 2014)

Für eure Generation scheint klar: Was einmal als sicher und unverrückbar galt, kann plötzlich an Bedeutung verlieren, ein Risiko oder sogar eine Gefahr darstellen. Ihr habt euch darauf eingestellt und euer Lebenskonzept angepasst. „Offene Lebensläufe" nennen Experten eines der typischsten Merkmale eurer Generation. Mit dem Wissen, dass schon morgen alles anders sein könnte, rechnet ihr nicht mehr damit, heute Medizin zu studieren und morgen als Oberarzt in Rente zu gehen. Und auf Rente hofft so und so kaum noch jemand von euch. Ihr habt gelernt, dass ihr gut, flexibel und anpassungsfähig sein müsst, wenn ihr im gegenwärtigen System nicht zurückbleiben möchtet. „Grenzenloser Selbstoptimierungsimperativ" bezeichnet Ulrich Bröckling, Soziologe an der Universität Freiburg i. Br., dieses Verhalten.

▶   Eure Generation weiß, dass sie selbst ihres Glückes Schmied ist.

Ihr absolviert Praktikum um Praktikum, macht Auslandserfahrung um Auslandserfahrung und Zertifikat um Zertifikat. (Schultz 2010)

Dass Familie in dieser Unsicherheit mehr und mehr zum sicheren Hafen wird, ist nur verständlich. Dies bestätigt auch die „Shell Jugendstudie 2010".[3] Mehr als drei Viertel der Befragten stellten fest, dass man Familie brauche, um wirklich glücklich zu sein. Dies meint zum einen die eigene Familie – wieder mehr Jugendliche wünschen sich Nachwuchs (73 Prozent der Frauen und 65 Prozent der Männer) – als auch die Beziehung zur Herkunftsfamilie. Mehr als 90 Prozent der Jugendlichen haben ein gutes Verhältnis zu ihren Eltern. Sie geben sich mit dem Erziehungsstil ihrer Eltern weitgehend zufrieden und würden sogar großteils selbst so erziehen. (Shell 2010)

Vater und Mutter als beste Freunde? Manch ein Babyboomer mag hier wohl ein wenig Kampfgeist und Leidenschaft beim Gedanken an seine eigenen wilden Jahre

---

[3] Das Unternehmen Shell beauftragt seit 1953 unabhängige Forschungsinstitute mit der Befragung von Jugendlichen zu deren Sichtweisen, Stimmungen und Erwartungen. Für die Jugendstudie 2010 wurden 2 604 Jugendliche im Alter von zwölf bis 25 Jahren in Deutschland befragt.

vermissen. „Die Kuschel-Kohorte" titelt das „manager magazin", „Generation Traumtänzer" die Zeitschrift „neon". Zu bequem, um aufzubegehren? Für mich persönlich ist eure Generation zu selbstbewusst und eigenständig für die Konfrontation mit der elterlichen Generation aus reinen Gründen der Selbstfindung. Ihr habt erkannt, dass es nicht effizient wäre, Zeit und Energie in einen Generationenkonflikt zu investieren. Ihr habt genügend damit zu tun, euren Lebenslauf zu optimieren. Und nicht zuletzt ist eure Generation zu intelligent, sich mit ihren Eltern anzulegen, immerhin sind der finanzielle und emotionale Rückhalt der Eltern wichtiger denn je.

Laut Experten ist es auch dieser Rückhalt von Eltern oder Familie, der es euch erleichtert, in dieser Zeit der Unsicherheit und in einer Zeit des enormen Erfolgsdrucks zu bestehen. So ist es schön zu sehen, dass eure Generation trotz allem optimistisch in diese schwierige Zukunft blickt. „Positiv denken ist in!" So beschreibt die Shell-Studie den Optimismus dieser Generation. 59 Prozent der Befragten blicken ihrer Zukunft optimistisch entgegen, nur sechs Prozent sehen ihre Zukunft düster. (Shell 2010)

Bedauerlicherweise lässt sich hier ein klarer Zusammenhang zwischen sozialer Schicht und Optimismus bzw. Zufriedenheit der Jugendlichen herstellen. Bei den Befragten aus sozial benachteiligten Familien glaubt nur ein Drittel an eine gute Zukunft. Ähnlich verhält es sich bei der Frage nach der Zufriedenheit. Ist ein Großteil der Jugendlichen (75 Prozent) im Allgemeinen mit seinem Leben zufrieden, findet sich diese positive Stimmung nur bei 40 Prozent der Jugendlichen aus sozial schwierigen Verhältnissen wieder.

1.3   Ihr wollt mehr vom Leben!

Work-Life-Blend statt Work-Life-Balance

Meine Elterngeneration hat gearbeitet, um überleben, eine Familie gründen und sich eine Existenz langfristig aufbauen zu können. Für diese Generation bedeutete Arbeit Sicherheit, Zukunft und Anerkennung in der Gesellschaft.

Ich erinnere mich gut, dass mein Vater alle Dinge, die er beruflich anging, jahrzehnte lang lebte. Er wurde als Jurist Leiter des größten beruflichen Ausbildungsinstituts in Salzburg und blieb dies über 30 Jahre. Er wurde in den Aufsichtsrat einer Bank gewählt und verweilte dort beinahe 40 Jahre. Er war einer der Gründerväter des Messewesens in Salzburg und blieb dieser Funktion rund 30 Jahre treu.

Berechenbarkeit, Planbarkeit und Durchhaltevermögen waren Eigenschaften, die das Bürgertum früherer Jahrzehnte auszeichnete. Eine klare Aufteilung der Elternrollen ergänzte und vereinfachte diese Planbarkeit und Kalkulierbarkeit des Lebens. Etwas langfristig zu schaffen war eine Lebensaufgabe.

Meine Generation wollte schon etwas mehr. Selbstverständlich dachten auch wir an Existenzgründung, Familie und Altersvorsorge. Darüber hinaus aber wollten wir Wohlstand, Autos, Urlaube, etwas Zeit für Hobbys und etwas Erspartes. Dafür waren wir schon von jungen Jahren an bereit, der Arbeit vieles unterzuordnen. Und wir sind es immer noch: Als Familienväter nehmen wir es in Kauf, unsere Kinder nur schlafend oder am Wochenende zu sehen. Als Partner arrangieren wir uns irgendwie damit, dass wir uns aufgrund kaum vorhandener Zweisamkeit häufig vom Partner entfernen. Im Job nehmen wir es für selbstverständlich, dass wir viele Jahre investieren müssen, um irgendwann voranzukommen. Und unsere Körper … die müssen einfach mitspielen, denn wenn wir nicht länger arbeiten, mehr arbeiten und bessere Ergebnisse bringen, dann tun es andere. Das war immer so und wird immer so sein. Fürs Hinterfragen haben wir uns noch nie Zeit genommen.

Eure Generation will noch mehr. Vieles mehr und viel anderes. Gott sei Dank! „Wir wollen nicht leben wir ihr!", schreibt Kerstin Bund, selbst eine Ypsilonerin, in ihrem Buch „Glück schlägt Geld". (2014) Natürlich kennt und profitiert eure Generation vom Bestreben eurer Elterngeneration, möglichst viel Geld zu verdienen. Nicht zuletzt aus diesem Grund ist es vielen von euch möglich, relativ lange finanziell nicht auf eigenen Füßen zu stehen. Wie die „Shell Jugendstudie 2010" zeigte, sind Jugendliche im Durchschnitt noch nie so spät von zu Hause ausgezogen. Beinahe 40 Prozent der 22- bis 25-Jährigen genießen noch den Rundum-Service im Elternhaus. (Shell 2010)

„Wir sind mit einer Flatrate zur Welt gekommen", schreibt Nina Pauer, selbst Ypsilonerin und Buchautorin. „Unsere Flatrate beinhaltet so ziemlich alles Erdenkliche, was ein Mensch braucht. Essens-, Kleidungs-, Transport- und Ausbildungskosten sowie sämtliche andere Ausgaben, die so anfallen, werden je nach Wunsch zu Teilen oder komplett übernommen." (Pauer 2011) Darüber hinaus habt ihr aber auch Väter erlebt, die kaum zu Hause waren, viele Ehen scheitern sehen und Erwachsene gekannt, die mit 50 Jahren einen Herzinfarkt hatten. „Wir wollen nicht leben wie ihr" ist daher trotz allem ein nachvollziehbares Resümee eurer Generation.

Aber wie wollt ihr leben? Miriam studiert im zweiten Abschnitt Internationale Wirtschaftswissenschaften und bereitet sich gerade auf ihr Auslandsjahr in Mexiko vor. „Wir wollen noch alles sehen!", schwärmt die 24-Jährige, wenn sie über ihre Zukunftspläne und die ihres Partners spricht. Sie hätten die Lust am Reisen auf ihrer Weltreise entdeckt. Dass sie auf ihren Reisen die öffentliche Buslinie dem Hop-on-Hop-off-Bus vorziehen und sich die Insider-Tipps lieber vom Studenten vor Ort holen, auf dessen Couch sie ein paar Nächte verbringen, als vom Hochglanz-Prospekt einer Hotel-Lobby, versteht sich. Dass sie aufgrund dieser Leidenschaft auf eine sinnerfüllte Arbeit und Familie verzichten soll, sieht Miriam nicht. Miriam weiß, dass sie gut ausgebildet ist, es macht ihr Spaß, Englisch oder Spanisch zu sprechen, und sie hat in unterschiedlichen Praktika bereits bemerkt, dass ihre Fähigkeiten gebraucht werden. „Wenn meine Kollegen sich davor scheuten, das Telefonat auf Englisch zu führen, griff ich einfach zum Hörer. Ich war ja lange genug in Australien", erzählt die Studentin von einem Praktikum. Neben ihren sprachlichen Fähigkeiten habe sie auch ihren Umgang mit anderen Menschen geschult, eine gewisse Problemlösungskompetenz entwickelt und einfach viel zu sich selbst gefunden, beschreibt Miriam den Mehrwert ihrer Auslandserfahrungen. Dass sie sich dadurch auch am Arbeitsmarkt interessant mache, daran glaubt Miriam fest. (Kahaun 2015)

Miriams Vermutung wird bestätigt. Vera gehört selbst zu den frühen Ypsilonern, sie ist 1982 geboren und hat es bereits bis zur Personalleiterin eines 400 Mann starken IT-Unternehmens geschafft. Für Vera wäre Miriam auf dem richtigen Weg. „Persönliche Kompetenz, Kompromissbereitschaft, diplomatisches Geschick und Kommunikationsfähigkeiten sind Fähigkeiten, die die Guten von den Besten unterscheiden", signalisiert Vera ganz klar. „Fachexpertise ist eine Grundvoraussetzung und kaum noch etwas, das den einen Bewerber vom anderen unterscheidet. Ist ein Bewerber allerdings in der Lage, sich in ein Team einzuordnen, einen respektvollen Umgang mit seinen Kollegen zu pflegen, auf Erfahrungen seiner Kollegen oder vorhandene Strukturen aufzubauen, anstatt alles infrage zu stellen, dann hat dieser Bewerber gute Voraussetzungen, es im Unternehmen weit zu bringen", erläutert die Personalleiterin. (Strehle 2015)

Flexibilität, die Möglichkeit zur Weiterentwicklung und eine gewisse Eigenständigkeit sind Miriam, unserer Studentin, wichtig, wenn es um ihre Arbeit geht. Und dass ihre Arbeit Spaß machen müsse, verstünde sich von selbst. Wie viele eurer Generation wendet sich auch Miriam ganz bewusst ab von der Feierabend-Mentalität ihrer Vorgängergenerationen. Eure Generation weiß, dass sie viele Wochenstunden und Lebensjahre „bei der Arbeit" (nicht unbedingt physisch, aber aktivitätsbezogen) verbringen wird. Für eure Generation ist es nicht ausreichend, dass das Leben aus einem arbeitsintensiven Pflicht-Teil und einem den eigenen Vorstellungen entsprechenden Freizeit-Teil bestehen soll. Für eure Generation geht es nicht mehr um eine Work-Life-Balance, sondern um eine Work-Life-Blend, wie es Kerstin Bund, Ypsilonerin, Buchautorin und Wirtschaftsredakteurin der Wochenzeitung „Die Zeit", beschreibt. Glück nach Dienstschluss reiche nicht, eure Generation möchte bereits bei der Arbeit glücklich sein. (Bund 2014)

„Natürlich", bekräftigt Miriam, „dafür verbringen wir doch viel zu viel Zeit in der Arbeit! Dort unglücklich zu sein, würde bedeuten, den Großteil seines Lebens unglücklich zu sein!" Ein No-Go für Miriam und für viele eurer Generation.

Stimmt das mit dem Glücklichsein dann irgendwann nicht mehr, kann auch schnell die Reißleine gezogen werden. Lena, eine frühe Ypsilonerin, leitete bereits mit 32 Jahren eine mittelständische Werbeagentur in Österreich. Die Führungsposition brachte Lena neben einem wertvollen Eintrag in einem bereits sehr interessanten Lebenslauf natürlich ein entsprechendes Gehalt. Die junge Frau hätte sich in ein paar Jahren eine nette Anzahlung für ein Eigenheim, einen SUV mit Vollausstattung oder einen anständigen Betrag für ein Anlagekonto ersparen können. Dennoch – Lena kündigte, nachdem sie die Agentur in die schwarzen Zahlen geführt hatte. „Es war einfach nicht mehr stimmig. Wie und warum entschieden wurde, deckte sich nicht mit meinem Verständnis von Kultur", erklärt Lena ihren Ausstieg. Statt des SUVs gönnte Lena sich ein Jahr Auszeit zur Selbstfindung, um ihre langfristige berufliche Ausrichtung zu finden. Dass es ihr Budget während dieser Zeit nicht mehr hergab, jeden Abend essen zu gehen, beurteilt Lena als Bereicherung: „Ich musste meine Ausgaben genau überwachen, kaufte ein ganzes Jahr lang keine Kleidung und vermietete meine Wohnung während meiner Abwesenheit. Aber ich wurde so klar im Kopf!" (Schöner 2015)

Dass Durchhaltevermögen wichtig ist und dass ihr es euch eigentlich nicht mehr leisten könnt, euch in ein paar Jahren auszupowern, wisst ihr Ypsiloner. Ihr seid realistisch und geht davon aus, lange im Berufsleben zu stehen. Ich nehme an, dass kaum jemand von euch noch damit rechnet, mit 65 in Rente zu gehen und dann gut davon leben zu können. Zu eindeutig zeigt sich die demografische Entwicklung, zu groß ist die Staatsverschuldung und zu unsicher die Zukunft. Eure Generation weiß, dass es viel auf euch selbst ankommen wird und dass es erfolgskritisch sein kann, mit euren Ressourcen zu haushalten. Experten zufolge gewinnt das Thema Gesundheit in eurer Generation zunehmend an Bedeutung. Und auch dabei seid ihr Ypsiloner anspruchsvoll und versteht Gesundheit gemäß der Definition der WHO nicht als reine Abwesenheit von Krankheit: „Health is a state of complete physical, mental and social well-being and not merely the absence of disease or infirmity." Dass ihr für dieses ganzheitliche Wohlbefinden etwas tun müsst, ist für euch Selbstoptimierer ein Selbstverständnis. Sport ist wieder in und das nicht nur, um körperlich fit zu sein, sondern auch um Kraft vom stressigen Alltag schöpfen zu können.

Work is not a job

„Work is not a job" beschreibt die Haltung von vielen von euch zum Thema Arbeit. Missverstanden von vielen Personalern, Unternehmen und Journalisten, die die konsequente Selbstbestimmung dieser Generation als überheblich und arbeitsscheu interpretieren, ist eure Generation wohl arbeitswilliger als kaum eine Generation vor euch – sofern die Voraussetzungen stimmen.

Beim Arbeiten leben und beim Leben arbeiten, so beschreibt der Soziologe Hurrelmann die Arbeits- bzw. Lebenseinstellung eurer Generation. (Hurrelmann und Albrecht 2014) Dass dies nicht automatisch heiße, weniger leistungsbereit zu sein, zeigt die Shell-Studie. Fleiß und Ehrgeiz stehen für 60 Prozent der Jugendlichen hoch im Kurs. (Shell 2010) Für eine Generation, die bereits beim Schuleintritt in der

Grundschule darauf sensibilisiert wurde, dass nun der Ernst des Lebens beginne, ist Leistungsbereitschaft keine generelle Frage, sondern nur eine der Bedingungen.

Auch für Miriam, der Studentin aus dem vorigen Kapitel, ist es nicht nachvollziehbar, warum ihre Generation als wenig leistungsbereit beschrieben wird. „Nur weil man der Arbeit nicht alles unterordnen möchte, bedeute das doch noch lange nicht, wenig leistungsbereit zu sein", wundert sich Miriam. Sie selbst würde keinesfalls Arbeit machen, die sie nicht erfülle, die ihr keinen Spaß mache. Und da kämen Einsatz und Motivation doch von ganz selbst, ist die Studentin überzeugt. Sie wolle ja auch einen gewissen Gestaltungsfreiraum und Verantwortung, da sei es ihr völlig klar, dass man da nicht um fünf Uhr den Stift fallen lassen könne. (Kahaun 2015)

„Das Wichtigste ist, dass Beruf und Privatleben miteinander verbunden werden können." So antworteten 57 Prozent der Befragten einer aktuellen Umfrage unter Studenten, Absolventen und jungen Berufseinsteigern zwischen 18 und 32 Jahren. (Statista 2014)

Die jungen Arbeitnehmer stoßen sich nicht mehr daran, Firmen-E-Mails an Abenden oder Wochenenden zu beantworten oder in intensiven Projektphasen (sofern zeitlich begrenzt) zehn, zwölf oder 14 Stunden bei der Arbeit zu verbringen. Sie fordern Verantwortung sowie einen Gestaltungsspielraum und sind bereit, Loyalität und Kreativität zu geben. Und dass kreative Prozesse nicht um fünf Uhr nachmittags abgeschaltet werden können, ist für Miriam und eure Generation ein Selbstverständnis.

Im Umkehrschluss will eure Generation aber auch ihr Privatleben oder einfach ihr Leben geschützt wissen. Vera, die Personalleiterin des mittelständischen IT-Unternehmens, erzählt, dass bei den jungen Bewerbern kaum noch die Bereitschaft vorhanden sei, All-in-Verträge zu akzeptieren. Sie wollten genau wissen, wie viele Überstunden sie innerhalb des vereinbarten Gehalts zu leisten hätten. Dies führe meist zu harten Verhandlungen, so die Personalleiterin. Warum sich ihr Unternehmen darauf einließe? Den Kampf um die High Potenzials spüre ihr Unternehmen deutlich, so Vera. Aufgrund der hohen fachlichen Qualifikation, die ihr Unternehmen für die meisten ihrer Jobs fordere, wäre die Auswahl beschränkt. Und die meisten Bewerber hätten noch andere Möglichkeiten. (Strehle 2015)

Nicht zuletzt aus diesem Grund wird Leistungsbereitschaft eurer Generation häufig abgesprochen. Für mich persönlich und meine Interviewpartner aus eurer Generation ist dies jedoch eine Fehlinterpretation. Aus unserer Sicht wird Leistungsbereitschaft von eurer Generation nur neu definiert. Ihr wollt nicht mehr danach bewertet werden, wie viel Zeit ihr bei der Arbeit verbringt, sondern das Maximale aus eurer Arbeitszeit herausholen und leistungsbezogen entlohnt werden. Ihr stellt es nicht infrage, wenn der Arbeitgeber hohe fachliche Qualifikationen, internationale Geländegängigkeit oder zwei Fremdsprachen fordert. Ihr seid bereit, dafür

Ausbildung um Ausbildung und Erfahrung um Erfahrung zu sammeln. Was eure Generation aber nicht will – und Negativbeispiele dafür sind wir gestressten, oft geschiedenen, unglücklichen Älteren der 45 plus-Altersstufe – ist, Beziehung, Familie oder Gesundheit für die Arbeit zu opfern.

Das daraus entstandene Anspruchsdenken ist neu für Unternehmen und stellt einige von ihnen insbesondere dann vor große Herausforderungen, wenn Ypsiloner selbstsicher davon ausgehen, dass Arbeit mit ihrer jeweiligen Lebenssituation in Einklang zu sein hat. Ihr seid nicht mehr bereit, Kinder der Karriere zu opfern. Stattdessen fordert ihr Elternzeit, Teilzeit und Kinderbetreuungsmöglichkeiten. Ihr wollt nicht viele Stunden in Auto, Bahn oder Bus verbringen, wenn ihr die Arbeit genauso gut von zu Hause erledigen könnt. Ihr könnt immer seltener auf ein familiäres Netzwerk zurückgreifen, wenn Kinder die Windpocken oder eine Muttertagsfeier haben. Die Möglichkeit zum Homeoffice setzen viele von euch voraus. Eure Generation nimmt Gesundheit ernst und will ein Burn-out um jeden Preis verhindern. Ihr fordert flexible Arbeitszeiten und die Möglichkeit für Auszeiten.

Vor 20 Jahren, als ich den Arbeitsmarkt betrat, war es noch ein unausgesprochenes Gesetz, dass wir Jungen uns erst einmal zu behaupten, zu profilieren hätten. „Lehrjahre sind keine Herrenjahre", war die häufig gehörte Antwort auf eventuelle Beschwerden. So wurden diese Lehrjahre auch nicht ernsthaft hinterfragt, bekamen wir doch im Gegenzug Sicherheit und die Aussicht auf langfristige, oft lebenslange Anstellung mit einschätzbaren Aufstiegschancen und gesicherten finanziellem Wachstum. Heute liegt die durchschnittliche Verweildauer von jungen Arbeitnehmern bei 18 Monaten. Ursachen dafür liegen zum einen bei den flexiblen jungen Arbeitnehmern, die auf ihrem konsequenten Weg der Selbstoptimierung nur so lange in einem Job verweilen, so lange dieser Entwicklungsmöglichkeiten bietet. Zum anderen aber ist diese hohe Fluktuation, die Unternehmen häufig sehr zu schaffen macht, auch den Unternehmen selbst zuzuschreiben, die mit Vollzeit- und Festanstellungen zunehmend sparsam umgehen und Werk- oder Projektverträge vorziehen. Gemäß der Mentalität eurer Generation, für die Zukunftsplanung die Planung des nächsten Sommerurlaubes bedeutet, und die erfahren hat, dass „anything goes" wohl die zutreffendste Zukunftsprognose ist, habt ihr euch auf die Situation am Arbeitsplatz eingestellt und den Unternehmen die Aussicht auf eine lebenslange Bindung gekündigt. Dafür bietet ihr Loyalität auf Zeit – das aber voll und ganz.

1.4   Was fordert eure Generation von der Arbeitswelt?

Flexibilität und Selbstbestimmung
Wie das bereits genannte „Generationen Barometer" zeigt, beschreiben fast drei Viertel der Befragten ihre Kindheit als eine Zeit, „in der man oft machen konnte,

was man wollte". Freiheit und Selbstbestimmung sind eurer Generation somit anerzogen. Gepaart mit einem gehörigen Maß Selbstvertrauen – „Lob" haben eure Eltern ja praktisch neu erfunden –, fordert eure Generation nun Anerkennung und die Freiheit zur Selbstbestimmung beim Arbeitgeber ein.

Moderne Kommunikationsmedien lassen räumliche Grenzen zunehmend diffuser werden. Virtuelle Meetings mit Mitgliedern von unterschiedlichen Kontinenten gehören genauso zum Alltag wie das Beantworten von E-Mails mit dem Smartphone daheim auf der Couch. Die zunehmende Internationalität der Firmen macht Arbeiten auch am Tagesrand notwendig. Packte man früher an Feiertagen noch seinen Sonntagsanzug aus, erscheinen Feiertage immer mehr wie Relikte aus alten Zeiten. Oder wie erklärt ihr euren amerikanischen Kollegen, dass ihr leider an diesem Donnerstag im Mai schon wieder nicht arbeitet – und nein, am Freitag natürlich auch nicht. Für den Begriff „Fenstertag" gibt es im Englischen nicht einmal eine Übersetzung!

Wird Flexibilität einerseits von Unternehmen vorausgesetzt, so verstehen andererseits viele Vertreter eurer Generation nicht, warum Flexibilität in anderen Bereichen zum Problem werden kann. Keine Möglichkeit zum Homeoffice? Nein danke! Vera, die Personalleiterin des mittelständischen IT-Unternehmens, erlebt dies immer wieder: „Unserem Unternehmen ist es aufgrund rechtlicher und technischer Rahmenbedingungen nicht möglich, Homeoffice anzubieten. Wir verlieren aufgrund dessen immer wieder gute Bewerber an die Konkurrenz." (Strehle 2015)

Starre Arbeits- und Anwesenheitszeiten sind für euch ein rotes Tuch. Ihr seid bereit, Leistung zu bringen, Einsatz zu zeigen, möchtet allerdings die Freiheit, zumindest teilweise selbst entscheiden zu können, wo und wann ihr das tut.

Noch ist Teilzeitarbeit in vielen Bereichen eine Ausnahme. Ist man in Deutschland männlich, eine Führungskraft und arbeitet in Teilzeit, wird man noch mit großen Augen bestaunt und womöglich für wenig ambitioniert gehalten. Nur fünf Prozent aller Manager in Deutschland arbeiten Teilzeit (unter 30 Wochenstunden). Betrachtet man nur männliche Führungskräfte, sind es nur 1,2 Prozent. Zu diesem Ergebnis kam eine Studie des Wissenschaftszentrums Berlin für Sozialforschung im Jahre 2013.

Diese wenigen Exoten, die Teilzeit arbeiten, wurden in einer Studie des US-Magazins „Forbes" befragt. Das Ergebnis ist überraschend und erfreulich zugleich: Männer, die mehr Zeit mit ihren Kindern verbringen, sind auch glücklicher im Job. Auch wenn Teil- und Elternzeit in unseren Breiten noch häufig als Karrierekiller gesehen werden, konnte die Studie diese Befürchtung nicht untermauern. Im Gegenteil, die Autoren haben sogar eine gute Nachricht für Unternehmen: Werden Eltern- und Teilzeit ermöglicht, so „Forbes", bekommen Unternehmen motiviertere, zufriedenere Mitarbeiter, die nicht so häufig das Bedürfnis verspüren, zu anderen Unternehmen zu wechseln. Loyalität für Flexibilität also. (Adams 2015) Ein Deal, der sich für Unternehmen auszahlen könnte.

Noch ist hier aber einiges an Überzeugungsarbeit zu leisten. Kommt der Wunsch nach Führen in Teilzeit gemeinsam mit dem Beweis, dass die Qualität der Arbeit

nicht darunter leidet, immer öfter auf, werden auch Unternehmen beginnen umzu-
denken. Letzten Endes zu ihrem Vorteil: Sind Teilzeit-Führungskräfte doch moti-
vierter, entspannter und loyaler!

Anerkennung und Respekt

„The trophy kids grow up" nennt sich das Buch über eure Generation von Ron
Aslop, US-Autor und Kolumnist des „Wall Street Journal" (2008). Umsorgt, gefördert, verwöhnt, so werdet ihr gerne beschrieben. Während wir noch Fernsehverbot,
Hausarrest oder keine Gute-Nacht-Geschichte bekamen, wenn wir unser Zimmer
wieder einmal nicht aufgeräumt hatten, bekamt ihr kleinen Ypsiloner einen Superstar,
wenn ihr Mama verspracht, es am nächsten Tag zu tun. Positive Verstärkung statt
Strafe. Lob statt Tadel.

In der Arbeitswelt angekommen, wollt ihr Ypsiloner nun keine Superstars, wohl
aber Aufmerksamkeit und Anerkennung. Vorgesetzte, die abgeschirmt in ihren Büros
sitzen und nur über ihre Sekretärinnen kommunizieren, werden es schwer haben mit
euch. „Die Ypsiloner definieren sich und andere nicht über Hierarchie, sondern über
Kompetenz", erklärt Jutta Rump vom Institut für Beschäftigung und Employability.
(Rump 2015) Ihr erwartet viel von euren Vorgesetzen: Allem voran aber wollt ihr
ernst genommen werden. Ernst genommen als Individuum mit Bedürfnissen und einer bestimmten Lebenssituation, die entsprechende Rahmenbedingungen erfordert.
Im Unterschied zu meiner Generation kreisen die Bedürfnisse eurer Generation nicht
um Geld, Status oder Macht. Mit guten Salären, dicken Firmenwagen oder großzügi-
gen Pensionskonten kann man euch kaum noch beeindrucken. Dafür plant ihr zu
kurzfristig. Außerdem ist euer Wertesystem ein anderes. „Erleben macht glücklicher
als haben", schreibt Kerstin Bund in ihrem Buch über eure Generation (2014).
Anstelle von hohen Bonuszahlungen fordert ihr Zeit. Zeit für eine weitere Ausbildung,
eine Auszeit oder ein gemeinnütziges Projekt. Statt einem Pensionskonto möchtet ihr
Abwechslung – nicht in zehn Jahren, sondern jetzt. Ein Austausch mit anderen
Standorten, eine Weiterbildung oder ein Praktikum – das sind Anreize, die euch Ypsiloner zu Höchstleistungen anspornen.

Ernst genommen zu werden, bedeutet für eure Generation auch, Begleitung und
Unterstützung auf eurem persönlichen Entwicklungsweg zu finden. Feedback ist für
eure Generation ein zentrales Thema! Ihr wollt es hören, wenn ihr etwas gut macht,
wissen, wie sich euer Beitrag auswirkt, und verstehen, warum etwas nicht funktioniert hat. Euer Bedürfnis nach Weiterentwicklung und Selbstoptimierung macht euch
geradezu abhängig von einem Feedback von außen. Verstehen es Führungskräfte,
Feedback konstruktiv und wertschätzend zu formulieren, werden Unternehmen sehr
von diesem konsequenten Drang zur Weiterentwicklung profitieren.

Es wäre naiv zu behaupten, dass Entlohnung für eure Generation keine Rolle spiele. Selbstverständlich müsst und wollt ihr von eurem Einkommen (gut) leben können. Das erlebt auch Vera, die Personalleiterin, in fast allen ihren unzähligen Bewerbungsgesprächen: „Die jungen Leute sind gut ausgebildet. Das Wissen um ihre Fähigkeiten schlägt sich in ihren Gehaltsforderungen nieder. Sie sind flexibel genug, um einfach auch woanders arbeiten zu können, und daher auch nicht sehr beweglich, wenn es um ihren Verdienst geht. Darüber hinaus ist es ihnen wichtig, leistungsbezogen entlohnt zu werden. Sie wissen, dass sie gut sind!" (Strehle 2015)

Wird das Prinzip „Geld für Zeit" auch heute immer noch gelebt, möchte eure Generation darüber hinaus für das Ergebnis ihrer Arbeit belohnt werden. Diese Generation möchte JETZT ihren Lohn für ihren Beitrag am Unternehmen bekommen – und nicht daran gemessen werden, wie lange sie schon im Unternehmen arbeitet. Das Senioritätsprinzip ist für eure Generation nicht nachvollziehbar und auch nicht zu akzeptieren. Leistungsbezogene Entlohnung ist es, was ihr als fair empfindet ... und ihr setzt euch dabei selbst ziemlich unter Druck.

Vereinbarkeit von Beruf und Familie

„Kind und klassische Karriere vereinen zu wollen ist anstrengend und funktioniert nur bedingt für ein dauerhaft erfülltes Leben." Dieser Satz stammt nicht aus dem Mund eines männlichen HR-Managers in seinen besten Jahren, sondern aus dem einer jungen Ypsilonerin, die es wissen muss. Tanja ist 30, Gründerin und Geschäftsführerin eines innovativen Start-ups, Nectar & Pulse GmbH & Co. KG, das Reiseführer produziert, die nur mit den Tipps von auserwählten Locals auskommen. Und Tanja ist Mutter von zwei Söhnen im Alter von zwei Jahren und zwei Monaten. „Kinder und Job hinkriegen – in unserem Fall in Selbstständigkeit – ist möglich", weiß Tanja aus eigener Erfahrung. Vor der Geburt ihres Jüngsten arbeitete Tanja fünf Stunden täglich, während ihr Kleiner in Betreuung war. Momentan widmet sie ihre Zeit ihren Kindern: „Das erste Jahr möchte ich bewusst hauptsächlich bei meinen Kindern zu Hause sein und diese einmalige Zeit genießen!" Unterstützt wird sie von ihrem Mann, der bei einem großen deutschen Automobilhersteller angestellt ist. „Gleitzeit und die Möglichkeit zur Elternzeit helfen natürlich sehr, Familie und Job in Einklang zu bringen", weiß Tanja aus eigener Erfahrung. Trotzdem müsse man sich entscheiden, so die Unternehmerin weiter. „Eine klassische Karriere für beide von uns würde zulasten unseres Familienlebens gehen. Das wollen wir nicht", ist die junge Familie überzeugt. Tanjas Mann wird demnächst sein Elternjahr antreten und überlegt, danach Vollzeit bei Tanjas Unternehmen einzusteigen. „Wir sind gerade dabei, unser eigenes Lebenskonzept zu schmieden" gibt Tanja bekannt. Erfolg und finanzielle Sicherheit finden sich dort genauso als Ziele wie Familie, Erfüllung im Arbeitsleben, Partnerschaft und Gesundheit. „Für uns schließt sich das nicht automatisch aus. Im Gegenteil, das eine ermöglicht das andere und umgekehrt. Man muss natürlich flexibel sein und Entscheidungen treffen", erklärt Tanja. (Roos 2015)

Tanja und ihr Mann leben vor, was meiner Generation häufig zum Verhängnis geworden ist: die Vereinbarkeit von Familie und Beruf. Der Lösungsansatz meiner Elterngeneration ist bekannt: Der Vater versucht, am Ende des Tages möglichst viel Geld nach Hause zu bringen, während die Mutter sich zu Hause um die Kinder kümmert – in Zeiten etablierter moralischer Standards und klarer Rollenbilder bei beiden Seiten ein zumindest nach außen funktionierendes System.

Meine Generation wurde erstmals mit dem Phänomen Vereinbarkeit von Familie und Beruf bei angestrebter Gleichstellung der Frauen aktiv konfrontiert. Lösungen waren schwer zu finden. Nicht nur, dass es für viele Männer nicht einfach war, ihre jahrhundertelange Rolle zu hinterfragen, auch viele Arbeitgeber waren darauf nicht vorbereitet. Teil- und Elternzeit für Männer waren lange Zeit undenkbar, das Verständnis für einen Mann, der aufgrund familiärer Verpflichtungen Abstriche im Beruf machen wollte, kaum vorhanden.

Das Lebenskonzept eurer Generation ist anders. Ja, ihr fordert Vereinbarkeit – auch wenn das nicht für alle von euch heißen muss, auch mit Kindern Karriere machen zu wollen. Ja, ihr wollt beides – eine Arbeit, die euch erfüllt, und ein Familienleben, das euch glücklich macht. Flexible Arbeitszeitmodelle, die Möglichkeit zur Eltern- oder Teilzeit, keine starren Präsenzpflichten und Kinderbetreuungseinrichtungen sind die Voraussetzungen dafür. Diese Möglichkeiten sind euch wichtig, so wichtig, dass ihr euren Arbeitgeber danach auswählen würdet.

Und vor allem wollt ihr aufgrund dieses Lebenskonzeptes nicht als wenig leistungsbereit bewertet werden. „Selbstverständlich verlangt es unser Job, manchmal länger zu arbeiten, als man möchte, oder nicht so abschalten zu können, wie es der Familie gut täte", erzählt Tanja aus ihrem Arbeitsalltag. „Aber Commitment ist mir sehr wichtig. Wenn ich mich zu einem Projekt verpflichtet habe, dann ziehe ich das auch durch. Da ist es dann natürlich hilfreich, dass mein Mann in seinem Job flexibel sein kann." (Roos 2015)

Vor einigen Jahren noch war diese Haltung undenkbar. Meine Schwester Ulli beispielsweise hatte aufgrund ihrer ehrlichen Grundhaltung Skrupel, ihren Kinderwunsch zu leugnen. Ihr wurde ein lukrativer Job bei einer Wiener Bank angeboten. Sie erklärte, dass sie es gerne machen würde, sofern dies mit ihrem Kinderwunsch vereinbar wäre. Sie bekam den Job nicht.

Hört man Tanja zu, erkennt man sofort sowohl die Leidenschaft für ihren Job als auch die Liebe zu ihrer Familie. Sie spricht offen über die Herausforderungen beider Bereiche und sagt ganz klar, dass man Entscheidungen treffen und Abstriche machen müsse. Es ist beeindruckend zu sehen, wie bewusst diese Familie Entscheidungen für ihren Lebensweg trifft. Im Unterschied dazu rennen viel zu viele Vertreter meiner

Generation womöglich nie hinterfragten Zielen hinterher. Bewusste Entscheidungen wurden da selten gefällt. Dinge waren einfach so oder hatten so zu sein. Sie schienen vorgezeichnet und unverrückbar zu sein.

Eure Generation kann es anders machen. Eure Generation hat die Möglichkeit, sich bewusst für oder gegen Kinder zu entscheiden. Mit der Wahl eures Arbeitgebers könnt ihr beeinflussen, ob Vereinbarkeit möglich ist oder nicht. Voraussetzung dafür ist eure Employability, eure Fähigkeit, jetzt und zukünftig Arbeit zu finden, eure Attraktivität am Arbeitsplatz. In diese gilt es zu investieren!

Sinn und Wert

Nachhaltigkeit und soziale Verantwortung sind im Trend. Die junge Generation kauft regional, fährt Fahrrad statt Golf, sammelt Lebenserfahrung in Hilfsprojekten in fernen Ländern und setzt ihre Fähigkeiten ein, um gemeinnützige Vereine zu unterstützen. Der internationale Kelly Workforce Index, für den rund 100 000 Personen aus 34 verschiedenen Ländern befragt wurden, untermauert diese Beobachtung. Für 50 Prozent der Befragten ist ein Beitrag zu einem größeren gesellschaftlichen Ziel wichtiger als mehr Gehalt oder eine bessere Stellung. (Kelly 2010)

Nicht immer stehen humanistische Gründe hinter dieser Sinnsuche. Häufig betrifft die Frage nach dem Sinn dieser Arbeit auch den Ypsiloner selbst. Dabei beurteilen Ypsiloner Eigenschaften wie die Möglichkeit zum Lernen, das Kennenlernen netter, interessanter Menschen, das Sammeln wertvoller neuer Erfahrungen oder auch Spaß an der Arbeit als sinnstiftend. Hier wird die Generation ihrem Label „Y" („Why") wieder gerecht. Die Frage nach dem Sinn ist bei der Wahl des Arbeitsplatzes zentral und entscheidungsrelevant. Gehalt, Status und soziale Stellung sind nicht länger die wichtigsten Kriterien bei der Jobauswahl. Für die Generation Y muss ein „job more than work" sein.

Unternehmen reagieren darauf, indem sie freiwillig zu einer „Green Company" werden oder sich Corporate Social Responsibility auf die Fahnen heften. Nachhaltiges Verhalten also, das über die gesetzlichen Forderungen hinausgeht und neben weniger Umweltbelastung, interessanten humanitären Projekten und bewusstem Agieren innerhalb und außerhalb des Unternehmens auch gesteigerte Arbeitgeberattraktivität bringen soll. Mit Erfolg, kann man eure Generation doch kaum noch mit unternehmensfinanzierten Pensionskonten und iPhones für alle für ein Unternehmen begeistern.

Sharing

Was haben Katy Perry, Justin Bieber und Barack Obama gemeinsam? Sie teilen sich die Plätze eins bis drei auf der Rangliste der beliebtesten Twitter Stars. Jeder von ihnen schart eine beachtliche Anzahl von Followern um sich – Barack Obama verzeichnet über 50 000 000 Follower!

Mario Götze und Mesut Özil verstehen ihr Handwerk nicht nur auf dem grünen Rasen. Sie spielen auch auf dem Feld von Social Media ein sicheres Match. Auf Instagram kann man sie natürlich beim Fußballspielen bewundern, bekommt aber auch zu sehen, wie süß Herr Götze als Kindergartenkind beim Skifahren war. Oder wie sehr er seinen Schokolade-Osterhasen liebt oder wie Mesut Özil mit neuer Sonnenbrille und blauen Schuhen aussieht. Wen das interessiert? Über zwei Millionen Follower!

Was für meine Generation zum Teil noch immer schwer verständlich ist, scheint euch Ypsilonern in Fleisch und Blut übergegangen zu sein. Es wird geteilt und mitgeteilt, was das Zeug hält: der Sonnenuntergang vor der Hausterrasse, die Pizza vom Lieblingsitaliener, der neue Nagellack in Blasslila, die Bergtour mit Freunden, der erste Schritt des Kleinen, die Hochzeit mit der großen Liebe. Sharing ist ein Phänomen, das sich mit dem Einzug des Internets entwickeln konnte. Eure Generation als die ersten Digital Natives ist somit auch die Erste, die diese Idee mitgestaltet und mitentwickelt hat. Während sich das Sharing für meine Generation noch auf das Ausleihen von Büchern in der Bibliothek beschränkt hat, scheint Sharing für euch Ypsiloner zur Lebensphilosophie geworden zu sein. Geteilt wird beinahe alles, von Autos, Möbeln, Wohnraum über Wissen und Fähigkeiten bis hin zu Erlebnissen und eben dem persönlichen Leben, welches, wenn schon nicht immer geteilt, so doch wenigstens mitgeteilt werden muss.

Während dieses intensive „Lebens-Sharing" diskutierbar ist und mögliche Konsequenzen nicht von allen Usern bedacht werden (Personaler machen sich neben dem persönlichen immer öfter auch gerne ein Facebook-Bild des Bewerbers), bringt Sharing eine Reihe von sehr positiven Ausprägungen hervor. Dies betrifft all jene Aspekte, die unter Sharing Economy fallen.

Sharing Economy oder Collaborative Consumption beschreibt ein Wirtschaftsmodell, das auf dem Prinzip des Teilens, Tauschens oder Ausleihens von materiellen Dingen, Eigentum oder Dienstleistungen beruht. Die Idee von Collaborative Consumption kommt eurer Generation in vielen Lebensbereichen sehr entgegen. Für eine Generation, die sich der Freiheit, der Flexibilität und der offenen Lebensläufe verschrieben hat, bedeutet Besitz häufig Last. Eigentum verpflichtet – davon wollt ihr euch allerdings nicht aufhalten lassen. Mit der Möglichkeit, am Ende des Jahres bereits in einer anderen Stadt zu arbeiten, lässt sich die Idee eines Eigenheims schwer verbinden. Eigenes Auto? Wenn es auch anders möglich ist ... und für viele aus eurer Generation ist es das. Portale wie car2go oder carsharing24/7 bieten Alternativen und ermöglichen, dann ein Auto zu haben, wenn man es wirklich braucht. Wie Untersuchungen zeigen, ist Sharing besonders bei Dingen beliebt, deren Nutzung zeitlich begrenzt ist, wie Autos oder Fahrräder.

Aber auch Wohnraum wird immer häufiger geteilt. Aus der Situation von knappem, überteuertem Wohnraum gepaart mit dem Bedürfnis der jungen Menschen zu verreisen, sich die Welt anzusehen, haben Plattformen wie Airbnb oder Couchsurfing eine Geschäftsidee entwickelt. So nächtigt ihr Ypsiloner in einer Studenten-WG in Barcelona anstatt einer angeblich hygienisch bedenklichen Jugendherberge oder verbringt eine Woche im Strandhaus eines Chemikers, der selbst gerade verreist ist. Weniger Ausgaben, dafür authentische Erfahrungen, Gastfreundschaft und neue Kontakte inklusive. Die Themen Nachhaltigkeit, Überproduktion und Verschwendung sind zentral bei der erst kürzlich gestarteten Plattform foodsharing. Jeder User kann persönlich nicht gebrauchte Kühlschrank-Inhalte posten und so an Dritte weitergeben.

Die Idee des Sharings ist nicht nur nachhaltig, sondern auch in ihren Grundwerten sehr positiv. Vertrauen ist ein wesentlicher Aspekt dieses Themas. Man vertraut darauf, dass der Schlüssel beim Wohnraum-Sharing auch dort zu finden ist, wo es vereinbart war. Man verlässt sich darauf, dass sich die Person, die sich das eigene Auto ausleiht, dieses auch wieder unbeschädigt zurückbringt und wenn nicht, die Verantwortung dafür übernimmt. Wird dieses Vertrauen belohnt, kann man sich mit einer positiven Bewertung auf der Plattform erkenntlich zeigen. Vertrauen wird zur Währung.

Ähnlich verhält es sich mit dem Faktor Zeit: „Tausche Wetterwissen gegen Yogafähigkeiten" oder „Tausche Kuchen backen gegen Schrauben drehen". Auf Plattformen wie exchange-me.de oder skillshare.com tauschen User ihre Talente, bieten Selbstgemachtes für Zusammengeschraubtes und eine Graphikerschulung für ein Englisch-Training. Damit das funktionieren kann, ist Vertrauen in die eigenen Fähigkeiten genauso Voraussetzung wie eine wertschätzende Haltung gegenüber dem Tauschpartner. Eure Generation schafft dies offensichtlich mühelos. Während meiner Generation zig Gründe einfallen würden, um diese Dinge nicht zu tun, scheint es für eure Generation ein Leichtes, diesen Vertrauensvorschuss aufzubringen. In Zeiten großer Unsicherheit, weitverbreiteten Misstrauens und zum Teil unverantwortlichem Kapitalismus stellt diese Form der Wirtschaft eine erfreuliche Gegenbewegung dar.

Zum Leben erweckt und getragen von eurer Generation (laut einer Studie haben die 18- bis 29-Jährigen die größte Bereitschaft zum Teilen) lässt diese Bewegung die berechtigte Hoffnung aufkommen, dass diese Sharing Economy keine Modeerscheinung, sondern ein ernst zu nehmendes Wirtschaftsmodell neben dem vorherrschenden Kapitalismus werden kann. Der deutsch-US-amerikanische Philosoph und Buchautor Erich Fromm wäre wohl einer eurer größten Fans gewesen! In seinem 1976 erschienen Werk „Haben und Sein" setzte er sich kritisch mit den zwei unterschiedlichen Existenzweisen des „Habens" und des „Seins" auseinander bzw. deren Konsequenzen für die Gesellschaft und die Menschheit als Ganzes. Für

Fromm wäre eure Generation wohl die erste, die Ansätze zeigt, sich vom Gedanken des „Habens" mehr und mehr zu lösen und sich dem „Sein" verpflichtet zu fühlen. (Fromm 2015) Dass dieses persönliche und gesellschaftliche Umdenken gelebt werden kann, dafür zeichnet die Digitalisierung des Lebens verantwortlich. Durch all diese Netzwerke, Portale, Virtual Communities ist es erst möglich geworden, den Gedanken des „Sharings" im jeweiligen Alltag umzusetzen. Noch in den Anfängen, ist es aber schon jetzt dieser Aspekt eurer Generation, der für mich persönlich wirklich revolutionär ist und euch mit Recht zu einer großen Generation machen könnte!

1.5   Eure Generation – euer Auftrag

Eure Generation ist anders. Zahlenmäßig wesentlich kleiner, aber besser ausgebildet als jede Generation vor euch und so souverän und vernetzt auf dem internationalen Parkett, wie wir Alten es nie sein werden. Personaler schwärmen von eurer Kreativität und Gewandtheit in gleichem Maße, wie sie über eure Ansprüche und eure Sensibilität schimpfen. Eure Generation hat zum Teil neue Ideen, wühlt auf, fordert ein und wird die Arbeitswelt und die Gesellschaft entscheidend verändern.

Das Potenzial zur Veränderung schöpft eure Generation aus dem Glauben an sich selbst. Wie kaum eine Generation zuvor, war euer Aufwachsen geprägt von Krisen und Katastrophen. Auf 9/11 folgten Krieg und Terror, der größte Finanzkollaps der Geschichte, Wirtschaftskrise, Eurokrise, der Super-GAU in Fukushima, politische Umbrüche in Arabien etc. Die Zukunft zeigte sich ungewiss, Unmögliches war wahr geworden und würde auch künftig möglich sein. Das Vertrauen in eine Altersrente, in Arbeit auf Lebenszeit, in Wachstum, in frische Luft für eure Kinder und funktionierende Demokratien war erschöpft. Eure Generation lernte sehr bald, dass das Jetzt mehr zählt als ein Später und es entscheidend auf euch selbst und eure Fähigkeiten ankommen wird.

Wird es eurer Generation aber wirklich möglich sein, Veränderungen herbeizuführen? Die Ausgangsposition wäre keine schlechte. Die demografische Entwicklung in Kombination mit dem Wandel der Wirtschaft hin zu mehr Internationalität, mehr Flexibilität und mehr Netzwerkdenken spielt eurer Generation in die Karten. Unternehmen werden mehr und mehr Schwierigkeiten haben, bestimmte Stellen nachzubesetzen, der Kampf um High Potentials wird wettbewerbsentscheidend werden. Studien belegen diesen Trend und Experten signalisieren eurer Generation, „künftig

viele eurer Vorstellungen in die Berufswelt retten zu können, weil ihr davon profitieren werdet, dass es nur wenige von euch gibt". (Rump 2015)

Diese Vorstellungen kommuniziert eure Generation offen und kompromisslos.
Ihr seid bereit zu arbeiten, vieles zu geben, möchtet allerdings selbst entscheiden,
wann und wo ihr arbeitet. Starre Präferenzzeiten sind für eure Generation genauso
ein Relikt alter Strukturen wie Dienst nach Vorschrift von acht bis fünf. Auf eurem
Weg zur persönlichen Weiterentwicklung wollt ihr Ypsiloner ernst genommen werden. Für eure Generation drückt sich das in der Möglichkeit zur Weiterentwicklung
(Praktika, Schulungen, Auszeiten) genauso aus wie in der Rücksichtnahme auf die
jeweilige Lebenssituation. Ihr wehrt euch vehement, Teil-, Eltern- oder Auszeiten
als Karrierekiller zu betrachten. Ihr wollt alles und seid überzeugt, dass das auch
möglich ist. Dabei seid ihr bereit, auf Haus, Auto oder eigenes Büro zu verzichten.
Statussymbole, welche noch in der Generation der über 45-Jährigen wichtig waren,
haben für euch ausgedient. Ihr wollt erleben statt haben, Glück statt Geld. Nicht
zuletzt ist es der Sinn in der Arbeit, der euch zu Leistung motiviert. Sinnstiftend ist
dabei sowohl das persönliche Weiterentwicklungspotenzial der Arbeit als auch der
gesellschaftliche Wert oder Nutzen der Tätigkeit.

Eure Generation fordert also einiges – ist aber auch bereit, vieles zu geben.
Werden euch Flexibilität und Freiheit zugestanden, kennt ihr weder Feierabende
noch Wochenenden. Das Ergebnis zählt für euch Ypsiloner – und danach wollt ihr
auch bewertet und bezahlt werden. Anstelle eines Firmenwagens möchtet ihr lieber
eine Bahncard und die Möglichkeit zum Sabbatical ist euch mehr wert als fette
Bonuszahlungen. Ihr seid kreativ, engagiert und professionell auf dem internationalen Parkett. Gute Voraussetzungen, wenn man bedenkt, dass Unternehmen offener
werden müssen, Neues immer öfter in sozialen Netzwerken entsteht und kreative
Strukturen häufig zu einem besseren Ergebnis führen als starre Prozesse.

Die Richtung stimmt! Dennoch wird auch eure Generation nicht gänzlich darum
herumkommen, sich in bestimmten Punkten an den Arbeitsmarkt anzupassen. Dafür
sind Strukturen zu träge und die älteren Generationen nicht so schnell von allen Schalthebeln zu verscheuchen. Dabei geht es nicht im Geringsten darum, klein beizuge-
ben und wider eure Werte oder eure Lebensphilosophie zu agieren.

Im Gegenteil: Mit einer Grundausstattung von wenigen Key Skills wird eure
Generation nicht ihren Idealen in den Rücken fallen, dafür aber noch weiterkommen,
mehr bewegen und für sich selbst das Beste herausholen können. Die Verantwortung
für euer Handeln betrifft allerdings nicht nur euch selbst. Für euch Ypsiloner sind
nämlich die Angehörigen der nächsten Generation, die Jungen der Generation Z, die
Ersten, die die Früchte eurer Arbeit ernten werden.

Literatur

Adams, S. (2015). The more time dads spend with their kids, the more happier they are at work. *Forbes*, 12.01.2015.

Aslop, R. (2008). *The trophy kids grow up. How the millenial generation is shaking up the work place*. San Francisco: Jossey-Bass.

Blasberg, A. (20. April 2013). Die schon wieder! *Die Zeit*. http://www.zeit.de/2013/17/demografie-babyboomer?. Zugegriffen am 28.04.2015.

Bund, K. (2014). *Glück schlägt Geld. Generation Y: Was wir wirklich wollen*. Murmann: Hamburg.

Bund, K., Heuser, J. U., & Kunze, A. (2013). Wollen die auch arbeiten. *Die Zeit* 11/2013.

Fromm, E. (2015). *Haben und Sein*. 42. Aufl. München: Deutscher Taschenbuchverlag.

Goos, M. (2015). Generation Y. So ticken die jungen Selbstoptimierer. *Online Focus*. http://www.focus.de/gesundheit/experten/miriamgoos/wohlbefinden-am-arbeitsplatz-die-generation-y-moechte-trotz-arbeit-gesund-bleiben_id_3615485.html. Zugegriffen am 05.05.2015.

Haumann, W. (2010). Generationen Barometer 2009. Eine Studie des Instituts für Demoskopie Allensbach. Herausgegeben vom Forum Familie stark machen. http://www.familie-stark-machen.de/files/gb09_download.pdf. Zugegriffen am 29.04.2015.

Hurrelmann, K., & Albrecht, E. (2014). *Die heimlichen Revolutionäre: Wie die Generation Y unsere Welt verändert*. Weinheim: Beltz Verlag.

Kahaun, M. (2015). Persönliches Interview, geführt vom Verfasser, Juni 2015.

Kelly Services. (2010). Global Worforce Index. Generational crossovers in the workplace – Opinions revealed. http://www.slideshare.net/perryky/kelly-services-generational-crossovers-in-the-workplace-09. Zugegriffen am 30.06.2015.

Lea, I., & Jürgensen, N. (5. September 2014). Nutzen statt besitzen. *Neue Zürcher Zeitung*.

Linsinger, E. (2013). Ältere Bevölkerung – Wie sie die Politik bestimmt. *Profil*, 27.07.2013. http://www.profil.at/home/fuer-donnerstag-aeltere-bevoelkerung-wie-politik-360854. Zugegriffen am 28.04.2015.

OECD. (2014). Education at a Glance 2014. OECD Indicators.http://www.oecd.org/berlin/publikationen/bildung-auf-einen-blick-2014-zusammenfassung.pdf. Zugegriffen am 17.06.2015.

Pauer, N. (2011). *Wir haben keine Angst. Gruppentherapie einer Generation*. Frankfurt am Main: Fischer.

Putz, U. (2015). Selbstverbrennung in Tunesien. Was vor Mohammeds Martyrium geschah. *Spiegel Online*. http://www.spiegel.de/politik/ausland/selbstverbrennung-in-tunesien-was-vor-mohammeds-martyrium-geschah-a-740901.html. Zugegriffen am 01.05.2015.

Roos, T. (2015). Persönliches Interview, geführt vom Verfasser, Juni 2015.

Rump, J. (2015). Persönliches Interview, geführt vom Verfasser. Salzburg, September 2015.

Rump, J. (2015). Persönliches Interview, geführt vom Verfasser, September 2015.

Schöner, M. (2015). Persönliches Interview, geführt vom Verfasser, Juni 2015.

Schultz, T. (15. September 2010). Die lauernde Angst vor dem Absturz. *Süddeutsche Zeitung*. http://www.sueddeutsche.de/politik/2.220/shell-jugendstudie-die-lauernde-angst-vor-dem-absturz-1.999831. Zugegriffen am 01.05.2015.

Shell Deuschland Holding (Hrsg.). (2010). Jugend 2010. Eine pragmatische Generation behauptet sich. http://www.shell.de/aboutshell/our-commitment/shell-youth-study/2010.html. Zugegriffen am 01.05.2015.

Stalinski, S. (2015). Spaß, Selbstverwirklichung und Yoga: Generation Y krempelt den Arbeitsmarkt um. http://www.tagesschau.de/wirtschaft/generationy100.html. Zugegriffen am 28.04.2015.

Statista. (2014). Stellenwert des Berufes für die Generation Y im Jahre 2014. http://de.statista.com/statistik/daten/studie/347413/umfrage/relevanz-des-berufes-fuer-die-generation-y/. Zugegriffen am 06.05.2015.

Statistik Austria. (2015). Bildungsstand der Bevölkerung. http://www.statistik.at/web_de/statistiken/bildung_und_kultur/bildungsstand_der_bevoelkerung/. Zugegriffen am 28.04.2015.

Stoll, C. (1995). Why the Web won't be Nirvana. *newsweek*, 27.02.95. http://www.newsweek.com/clifford-stoll-why-web-wont-be-nirvana-185306. Zugegriffen am 27.04.2015.

Strauss, B., & Howe, N. (2000). *Millenials rising. The next great generation*. New York: Vintage Books.

Strehle, V. (2015). Persönliches Interview, geführt vom Verfasser, Mai 2015.

TwitterCounterBV. (2015). Twitter top 100 most followers. http://twittercounter.com/pages/100. Zugegriffen am 12.05.2015.

Werle, K. (2012). Die Kuschel Kohorte. *Manager Magazin*, 12.

Wissenschaftszentrum Berlin für Sozialforschung. (2013). Teilzeitchefs – in Europas Führungsetagen selten. Pressemitteilung vom 06.05.2013. http://www.wzb.eu/de/pressemitteilung/teilzeitchefs-in-europas-fuehrungsetagen-selten. Zugegriffen am 07.05.2015.

World Health Organisation. (2015). WHO definition of Health. http://www.who.int/about/definition/en/print.html. Zugegriffen am 05.05.2015.

Arbeit im Wandel

2

Die Zeiten ändern sich und wir ändern uns in ihnen[1]

2.1 Krisen und Kriege prägen ganze Generationen

1996–2016: 20 Jahre aus dem Blickwinkel der fünf Generationen

Zu Mitternacht des 31.12.1995 erblickte auch der jüngste Angehörige von euch Ypsilonern (geboren 1980–1995) das Licht der Welt. Seit dem Jahr 1996 sind nun 20 Jahre vergangen. Diese 20 Jahre hatten es in sich. Mehrere Generationen haben die Zeit von 1996 bis 2016 bewusst erlebt: die Traditionalisten, die Babyboomer, die Angehörigen der Generation X, die Ypsiloner und die Generation Z.

Die Traditionalisten (geboren um 1928–1945) erlebten diese Zeit als ältere Menschen. Viele von ihnen waren noch einige Jahre beruflich aktiv, manche bereits im Ruhestand. Für die meisten Babyboomer (geboren 1946–1964) waren es die 20 Jahre ihres beruflichen Höhepunkts. Die Angehörigen der aktuell am Arbeitsmarkt bedeutenden Generation X (geboren zwischen 1965 und 1979), der auch ich als 1968er angehöre, waren zum Teil noch in ihrer Ausbildung, starteten ihre berufliche Laufbahn oder standen in diesen 20 Jahren mehr oder weniger durchgängig im Erwerbsleben.

---

[1] Angeblicher Wahlspruch Kaiser Lothars I. (840†); „Tempora mutantur nos et mutamur in illis."

© Springer Fachmedien Wiesbaden 2016

T. Würzburger, *Key Skills für die Generation Y*,

DOI 10.1007/978-3-658-12738-1_2

Angekommen am Ende dieser Zeitspanne, seid ihr Ypsiloner vielleicht noch in Ausbildung, startet gerade in eure Karriere oder befindet euch schon mitten im Berufsleben. Die Babyboomer hingegen bereiten sich allmählich auf den Ruhestand vor oder sind bereits schon länger im wohlverdienten Ruhestand. Viele der Angehörigen der Generation X stehen heute möglicherweise im Zenit ihrer bisherigen Karriere.

Die Generationen nach euch, wie zum Beispiel die Jungbürger der Generation Z (geboren nach 1995), spielen und kommunizieren schon seit dem Kleinkindalter mit den Handys und Tablets ihrer Mütter und Väter. Sie sind heute bereits Jungerwachsene oder noch Kinder. Politische Grenzen von früher – wie zum Beispiel jene der ehemaligen UdSSR oder jene des ehemaligen Jugoslawiens – kennen die Mitglieder dieser Generation nur mehr aus Büchern, aus digitalen Enzyklopädien wie Wikipedia oder dem Internet. Kommunikation mit anderen Menschen auf anderen Kontinenten ist für diese Generation – im Zeitalter von Skype, FaceTime und WhatsApp – völlig normal und unspektakulär.

Die Traditionalisten freuen sich über diese begabten Enkel. Sie gehen eher sparsam mit ihrer Rente um und sorgen in der Regel für ihre Kinder, Enkel und Urenkel vor.

Jede Generation findet „ihre Zeit" vor und diese erlebte Zeit prägt die Anschauungen dieser Generation, deren Verhalten und Einstellungen. „Die Zeiten ändern sich und wir verändern uns eben in ihnen", pflegen Menschen seit vielen Jahrhunderten zu sagen, ein demnach höchst natürliches Phänomen, das unser Leben seit jeher bestimmt. Waren die Generationen meiner Eltern und Großeltern in der westlichen Welt noch geprägt von Kriegsängsten in „heißen" und „kalten" Kriegen, so änderte sich diese Grundhaltung in den jüngeren Generationen nur allmählich. Gleichwohl die Grundeinstellungen der Vorgängergenerationen noch lange Zeit die Folgegenerationen der Kinder und Kindeskinder prägen.

Die Generation X wuchs in ökonomischen und politischen Umwälzungen auf. Vom kalten Krieg zur Wende in Zentral- und Osteuropa. Vom Traum der New Economy zur geplatzten Blase. Von der Ölkrise in den 70igern bis zu Kriegen in Kuweit und Afghanistan. In dieser Generation mit all ihren Veränderungen änderte sich auch in den letzten 20 Jahren zunehmend die Haltung zum Job. Die Sicherheitszone, das „Generationsdenken" der sogenannten Traditionalisten, konnte nicht mehr aufrecht erhalten bleiben. Der Glaube an ein stetes Wirtschaftswachstum wie zu Zeiten der Babyboomer-Generation musste ebenfalls begraben werden. Zwar ist die Generation X noch immer stark geprägt von den Eltern und ihren Erziehungsmethoden, die veränderten Rahmenbedingungen in einer schier rastlos gewordenen Zeit veränderten aber zusehends deren Haltungen und Verhaltensweisen.

Wer noch vor einigen Jahrzehnten glaubte, mit absolviertem Studium oder beende-
ter Lehrzeit eine Garantie für ein gut planbares, langwährendes Berufsziel erreicht
zu haben, der irrte meistens ganz ordentlich. Die Zeiten, in denen man bei ein und
demselben Arbeitgeber Jahrzehnte lang arbeiten konnte, sind endgültig vorbei.
Viele der älteren Babyboomer lebten noch nach diesem Motto und wechselten nur
selten den Arbeitgeber. Die erste Generation, die dieses Sicherheitsdenken gänzlich
ablegen musste, war die Generation X.

Die Generation X und die aktiven Babyboomer mussten erstmals seit sehr langer
Zeit Einbußen hinnehmen. Im Vergleich zum Erwerbseinkommen unserer Eltern
verdienten wir Erwerbstätige Anfang dieses Jahrhunderts weniger. (Acs 2008)

Die meisten Babyboomer und manche der älteren Angehörigen der Generation
X haben erst spät Kontakt mit Computern gehabt. Wir studierten oft noch ohne
Computer und hatten manchmal auch Angst mit dem Computer zu arbeiten. Mobiles Telefonieren war erst ab 1996 einer breiten Öffentlichkeit in Europa zugänglich. Bis zu dieser Zeit telefonierten wir nur vom Festnetz aus. Mobiles Arbeiten
war nur sehr eingeschränkt möglich und für viele unvorstellbar.

Ich erinnere mich noch gut, als ich und meine Kollegen gebannt auf die
Jahrtausendwende blickten. Es war im Dezember 1999. Eine der am häufigsten
gestellten Fragen lautete damals: „Werden unsere IT Experten die Umstellungen
schaffen?" Alle Branchen der Industrie- und Dienstleistungsgesellschaft waren davon betroffen. Unternehmen standen vor der Wahl, welche Programme und welche
Geräte überhaupt Datumsangaben verarbeiten können, die auch Jahr-2000-fähig
sind. In den USA und Europa waren Ängste in der täglichen Arbeit allgegenwärtig.
Die Ängste wurden medial gerne aufgegriffen und geschürt.

Ab 1996 war das sogenannte „Y2K"-Thema (Year 2; Kilo = Jahr 2000) in der
Öffentlichkeit bekannt. „Millennium Bug", „Doomsday 2000" waren viel gehörte
Schlagworte. Horrorszenarien wurden gezeichnet. In den angesagten Katastrophen
stürzten Flugzeuge ab, brachen Computerprogramme zusammen, die wichtigsten
Handelsplätze wie Börsen standen still, die Schutzeinrichtungen von Raketenab-
wehrsystemen fielen aus.

Alles in Allem ging dann der Sprung ins neue Jahrtausend ganz gut. Angesagte
Katastrophen und Revolutionen finden ja bekanntlich nie statt. So war es auch damals
und die westliche Welt konnte erleichtert folgende Pressemitteilung vernehmen:
Neuseeland offenbar ohne Probleme ins Jahr 2000.

Neuseeland hat den Datumswechsel ohne Probleme überstanden. Die von der
Regierung eingerichtete Watch-Site www.y2k.govt.nz meldete am frühen Nach-
mittag (MEZ) keine Probleme. So kam es weder zu Ausfällen bei Strom- oder
Wasserversorgung noch zu anderen großen Schwierigkeiten. Auch vom Zugverkehr
waren keine Vorfälle bekannt.

Krisen und ihre Konsequenzen

Die Zeit der Krisen war zur Jahrtausendwende noch nicht gekommen. Sie kam erst später. Dann traf sie uns aber richtig.

Wir Aktiven der Generation X und viele Babyboomer spürten zwar die aufkommende Dynamik und zunehmende Unsicherheit, viele von uns waren aber noch in ihrer Grundhaltung auf Planbarkeit und Sicherheit programmiert. Wir waren noch auf kontinuierlichen Aufschwung und konservative Vermögensmehrung eingestellt.

Der Gedanke der Vermögensmehrung wurde um die Jahrtausendwende zum Megaproblem. Befeuert durch Internet und mobile Telefonie entstanden Fantasien in den Köpfen von Investoren, Unternehmern und Angestellten, die mit gesundem Wirtschaften nichts mehr zu tun hatte. Die Internetblase platzte. Die Entwicklung holte uns ein. Das sichere, planbare Denken im beruflichen Umfeld war weggebrochen und unsere Organisationen waren auf Krisenfestigkeit nicht wirklich vorbereitet.

Viele von uns wollten an der boomenden Entwicklung teilhaben und verloren letztlich viel Geld. Sogar viele Traditionalisten hatten an diesem Hype Gefallen gefunden und ihr Erspartes verspielt.

Wer 2009 den Wirtschaftsteil einer Zeitung aufschlug, fand folgende meistgeschriebenen Worte: „Krise, Not, Talfahrt, unter Druck". Es war die Zeit der globalen Banken- und Finanzkrise, die im Sommer 2007 als US-Immobilienkrise begann. Im Frühjahr 2015 waren die meistgelesenen Worte „Griechenland, Grexit, Schuldenkrise". Das Krisenjahr 2015 gipfelte dann mit dem Exodus von Flüchtlingen aus den Krisengebieten und der Überforderung der politischen Elite in Europa.

Wirtschaftliche Krisen dieses Ausmaßes können uns überfordern. Und sie überfordern Organisationen. Sie beeinflussen ganze Generationen nachhaltig. Sie sind nichts Abstraktes, sondern konkret und wirken unmittelbar auf uns. Sie können plötzlich und für viele unerwartet auftreten. Ökonomische Krisen treffen uns somit auch persönlich und sie machen vor unserer Arbeit nicht halt.

Für uns Aktive war diese Entwicklung nicht immer einfach. Nicht jeder konnte sich schnell genug verändern und anpassen. Krisen können Menschen, die auf Bewahren und Planen ausgerichtet sind, absolut aus der Bahn werfen. Viele Babybommer traf diese Zeit der wirtschaftlichen Unruhen besonders schwer. Neben der zu beklagenden Arbeitslosigkeit in zahlreichen Ländern Europas lösten diese Veränderungen bei vielen aktiven Babyboomern massive Ängste, Stress und Sorgen aus. Plötzlich wurden diese Menschen mit Unsicherheiten konfrontiert, die sie vorher nicht kannten. Diese Situation ist nach wie vor brisant und sehr ernst zu nehmen und gerade für die älteren der berufstätigen Babyboomer-Generation leider auch immer wieder gesundheitsschädigend.

Wer sich und seinen Körper nicht kennt und auf alte Verhaltensmuster programmiert ist, kann hier Fehler begehen. Wer etwa jahrzehntelang den gleichen Job hatte und nie seine berufliche Situation veränderte, wie es eben viele Babyboomer machten, dem zieht die neue Wirklichkeit plötzlich den Boden unter den Füßen weg. Ein solcher Mensch kommt in diesen Zeiten schnell unter Druck. Er kann sich schwer befreien und verharrt bei seinem Arbeitgeber, so lange wie nur möglich, auch wenn er darunter leidet.

So waren bereits 2010 rund elf Prozent aller Fehlzeiten auf psychosoziale Risiken zurückzuführen. Die Ursachen für diese Fehlzeiten wurden untersucht. Diese waren vor allem auf Folgendes zurückzuführen: Arbeitsplatzunsicherheit, Zeitdruck und Komplexität der Arbeit, unzureichende Vereinbarkeit von Beruf und Privatleben, Informationsflut durch neue Kommunikationsmedien, lange Arbeitszeiten, Führungsmängel mit fehlender Achtung und Anerkennung und Wettbewerbsdruck innerhalb von Abteilungen, zwischen den Abteilungen oder zwischen den Tochterunternehmen des Konzerns. (dpa 2010) Insbesondere berufstätige Babyboomer und einige ältere Bürger der Generation X leiden noch immer unter diesen Auswirkungen der Krisen. Sie haben nach wie vor Probleme, mit der Dynamik, die ihre Arbeitssituation ständig ändert, umzugehen.

Unsere Arbeitswelt wurde in diesen 20 Jahren um einiges schnelllebiger. Betrachtet man nur die Kommunikationswege, so ist die heute übliche Kommunikation per E-Mail in keiner Weise vergleichbar mit der Trägheit der damals üblichen Postwege in Unternehmen. Es ist nicht allzu lange her, dass es „Postboten" innerhalb großer Unternehmen gab. Sie transportierten Dokumente von einem Büro zum anderen. Das Arbeiten im Büro ausschließlich mit Standcomputern ist mit heutigen Laptops nicht mehr vergleichbar. Statt des in Ländern wie Deutschland und Österreich gesetzlich geregelten Denkens in Treuepflichten des Arbeitnehmers und Fürsorgepflichten des Unternehmers sind Golden Handshakes und Hire & Fire auch in Europa als anerkannte Denk- und Handlungsweisen nun gängige Praxis.

Was die neue Arbeitswelt für die einen ist, ist für die Ypsiloner gelebte Realität
Ihr Ypsiloner bildet die erste Kohorte, welche die beschriebenen Veränderungen von Kindes- und Jugendalter an erleben konnte. Als die ersten Digital Natives seid ihr es gewohnt, mit Internet und PC zu arbeiten, mit modernen Medien zu kommunizieren und globale Vernetzungen zu „leben". Grundsätzlich scheint ihr wohl gut gewappnet für die veränderte Umwelt zu sein. Ein relativ hohes Ausmaß an Flexibilität und viel Offenheit für neue Herausforderungen zeichnet euch junge Menschen aus.

Ihr verkörpert die erste Generation, die die älteren Menschen auch gerne unterrichten darf. Wir kennen alle die Situationen, in denen Eltern und Großeltern ihre Kinder um Hilfe bitten, wenn sie soeben ein neues Smartphone gekauft haben. Sie kennen sich in der Regel nicht so gut aus wie ihr. Vielleicht rührt euer viel zitiertes Selbstvertrauen auch von diesem Umstand her. Von welcher Generation wurde es früher geduldet, von den Jüngeren unterrichtet bzw. belehrt zu werden? Belehrungen sind immer schon Sache der Älteren gewesen. Die letzten 20 Jahre relativierten diese jahrtausendealte Tradition. Mit dem Einzug des Internets und der mobilen Kommunikation änderten sich die Zeiten dramatisch und wir veränderten uns in ihnen.

Ihr Ypsiloner bewegt euch in diesen dynamischen Zeiten sehr gekonnt, ihr bewegt euch allerdings auf dünnem Eis. Schon rund 25 Prozent der deutschen Bürger eurer Altersgeneration arbeiteten zumindest zeitweise als Freelancers. Sicherheitsnetze vergangener Zeiten sind euch unbekannt. Konjunktureinbrüche und die wirtschaftlichen Rahmenbedingungen zwingen euch Jungbürger regelrecht zu ICH AGs und führen zu prekären Arbeitsverhältnissen. Exorbitant hohe Schulden vieler Länder Europas lassen auch die kühnsten Optimisten verstummen, dass eure Generation eine langfristige Absicherung im Sinne von Renten vergangener Jahrzehnte erhalten werde. Diese Grundstimmung hat Auswirkungen auf euer Konsumverhalten. Die einst beliebte Sparquote gehört heute der Vergangenheit an. Schnelle Befriedigung von Bedürfnissen steht im Mittelpunkt des Interesses. Wen wundert dieses Verhalten, wenn doch der Generationenvertrag schon längst von den älteren Mitbürgern ad absurdum geführt wurde und die Verschuldung von euch nur sehr schwer zu schultern sein wird.

Dies hat oft negative Auswirkungen auf junge Menschen. In europäischen Ländern mit großen wirtschaftlichen Problemen wie beispielsweise Spanien, Italien und Frankreich ist neben der enormen Verschuldung leider immer noch eine enorm hohe Jugendarbeitslosigkeit zu beklagen.

Hier ist guter Rat für Ypsiloner teuer. Was tun als junger Mensch, der sehr schwierige wirtschaftliche Rahmenbedingungen in seinem Heimatland vorfindet? Love it, change it or leave it? Der vor Kurzem aus der Taufe gehobene „Youthonomics Index 2015" rät eindeutig zu Letzterem, wenn die wirtschaftlichen Rahmenbedingungen für junge Leute nicht mehr passen. Veränderungen in einem eingefahrenen politischen Wirtschaftssystem herbeizuführen, ist auch den ambitioniertesten jungen Menschen nicht zuzumuten. Es erscheint also absolut legitim, in diesen Zeiten, woanders sein Glück zu finden – handelt es sich hier doch um eine „Flucht" im wirtschaftlichen Sinne, die aber durchaus zum Selbstschutz gereicht. (Youthonomics 2015)

Dennoch sehe ich Flucht, auch wenn sie noch so gut nachvollziehbar sein mag, als den letzten Ausweg. Weder blindes Vertrauen auf eine solide wirtschaftliche

Entwicklung, wie es viele Traditionalisten und Babyboomer hatten, noch Flucht-tendenzen, wie sie immer öfter Ypsilonern aus ärmeren Ländern angeraten werden, können als das einzig probate Mittel erachtet werden.

Im Vergleich dazu habt ihr Ypsiloner aus reicheren Ländern, wie beispielsweise dem wohlhabenden, deutschsprachigen Teil Europas, Glück. Die Frage nach Flucht stellt sich für euch nicht, allerdings seid ihr ebenfalls gefordert, denn auch in euren Ländern verändern sich die Rahmenbedingungen für Arbeit.

▶ Es klingt paradox, aber je vernetzter und dynamischer die euch umge-bende Welt sein wird, desto eher werdet ihr als individuelle Persön-lichkeiten in der Arbeitswelt erfolgreich sein, die Selbstkompetenz ausstrahlen, um Veränderungen zum kollektiv Besseren bewirken zu können. Um das erreichen zu können, werdet auch ihr nicht umhinkom-men, an euch selbst und eurer Selbstkompetenz zu arbeiten.

2.2   Paradigmenwechsel in der Wirtschaft

Vom Einzelkämpfer zur Kooperation
Vor etwa zwölf Jahren war ich in einem Energieunternehmen tätig. Ich erhielt von meinem direkten Chef, dem Vorstand, den Auftrag, gemeinsam mit externen Beratern alle Tätigkeiten unserer Mitarbeiter zu durchleuchten. Wir teilten alle Tätigkeiten in „Kann,-", „Muss,-" und „Soll-Tätigkeiten" ein. Dann analysierten und priorisierten wir konsequent. Die Kernfrage und somit auch der eigentliche Auftrag des Managements hinter diesem Vorgehen war: „Wo können wir einsparen, um künftig vergleichsweise effizient und kostengünstig zu werden?" Eine Konsequenz war, dass die Mitarbeiter Angst um ihren Arbeitsplatz hatten.

Ich höre heute noch die Stimmen der Mitarbeiter, die mir von ihrem hohen Arbeitspensum erzählten und dass sie vielen Konflikten im Unternehmen ausgesetzt seien. Das ging so weit, dass die Mitarbeiter befürchteten, bei ihrer Arbeit auf Schritt und Tritt mit der Stoppuhr beobachtet zu werden. Ein gemeinsames, produktives und kreatives Denken und Handeln war zu dieser Zeit nicht möglich.

Um wettbewerbsfähig zu werden (bleiben), ist ein derartiges Vorgehen samt Nabelschau des eigenen Unternehmens von Zeit zu Zeit sinnvoll. Wenn aber lediglich Prozessoptimierung das oberste Postulat der Arbeitsorganisation bildet, so geht das in der Regel auf Kosten der Zusammenarbeit und der Kreativität im Team. Ein Miteinander im Sinne eines kooperativen Vorgehens ist unter diesen Voraussetzungen nur sehr schwer möglich.

Auch heute verstehen immer noch viele Unternehmen deren Mitarbeiter als ihre „eigenen" arbeitenden Menschen und tragen damit als Teil dieser antiquierten Industriemaschinerie selbst dazu bei, dass ein Paradigmenwechsel zu mehr Zusammenwirken anstelle von egoistischen Grundhaltungen nicht greifen kann. Die Grenzen des Konkurrenzkampfes und des Prinzips „The winner takes it all" sind erreicht. Synergien durch sich ergänzende Kräfte und Talente zu heben, muss aus meiner Sicht wieder mehr ins Bewusstsein treten.

Gründe, warum sich der Kooperationsgedanke noch nicht überall durchsetzen konnte, lassen sich auch in unserer Geschichte finden: Wir kommen aus einem Jahrhundert des Taylorismus. Fredrick W. Taylor begründete um 1910 das Prinzip der „wissenschaftlichen Unternehmensführung". Dieses Prinzip verstand den Menschen als singulären Teil der Industriemaschinerie, die gekennzeichnet war von effizienten, ewig gleichen Prozessketten, Abläufen und Tätigkeiten. Gruppenarbeit wurde in dieser Zeit nicht geschätzt, geschweige denn gefördert.

Im Vergleich zu anderen Wirtschaftssystemen konnte sich der auf freiem Eigentum und Leistung basierende Grundgedanke des Kapitalismus durchsetzen. Der Kommunismus konnte mit diesem westlich orientierten bzw. wettbewerbsorientierten Wirtschaftsmodell nicht mithalten und ist de facto gescheitert. Die massive Aufrüstung der USA unter Ronald Reagan zwang die damalige UdSSR auch militärisch in die Knie.

Aktuell ist jedoch eine Epoche in Umbruch, in der auch der Kapitalismus mit seinem fast schrankenlosen Wettbewerbscharakter seine Grenzen erkennen muss. Der Kapitalismus westeuropäischer Prägung – im Verständnis der sozialen Marktwirtschaft – hat zwar für Kooperationen nützliche Ansätze auch in der Weiterentwicklung zur ökosozialen Marktwirtschaft gefunden, scheint aber auf europapolitischer Ebene noch immer keinen zukunftsträchtigen Nährboden zu bekommen.

Der flexible und anpassungsfähige Kapitalismus amerikanischer Prägung, der sich nach dem Ende der Nachkriegs-Ära zunehmend kompensatorische Sieger- und Verliererschaukämpfe im Wirtschafts- und Arbeitsleben schuf, ist nun auch an seine Grenzen gestoßen. Die Finanzwirtschaft „kreierte" unablässig neue Kunstprodukte, die zwar in sich mathematisch logisch klangen, aber an den wahren Bedürfnissen der Wirtschaft nicht mehr teilhatten.

Wir Menschen sind zwar individuell physisch und psychisch für den Wettbewerb und Kampf gut gerüstet, unsere eigentliche Stärke war und ist allerdings immer noch die Fähigkeit zur Kooperation. Durch Kooperation haben wir uns immer wieder weiterentwickeln und uns an neue Gegebenheiten anpassen können.

Die heutige fragile Zeit, umgeben von atemberaubender Dynamik, fordert uns heraus. Dieser Herausforderung können wir aus meiner Sicht aber nur dann erfolgreich begegnen, wenn wir uns unserer wahren Stärken wieder bewusst werden.

Der Mensch als soziales Wesen sollte sich vor allem gemeinsam organisieren, ohne dabei die schwächeren Mitglieder der Gesellschaft zu vergessen.

Diese neue Epoche der Zusammenarbeit nimmt Abschied von unreflektiertem Denken in Sieg und Niederlage. In einer global vernetzten Welt, in der auch wir spürbare Nachteile erleiden, wenn es anderen schlecht ergeht, sind wir aufgerufen, andere Möglichkeiten und Optionen zu erkennen.

Von der prozessorientierten Industrie zur Projektwirtschaft

Ein wichtiger Schritt in Richtung Gruppenarbeit wurde erstmals durch eine besondere Art der abgestimmten Arbeitsteilung vollzogen. Der Kunde rückte immer mehr ins Zentrum des Interesses und die Arbeit wurde verstärkt in kundenorientierte Prozesse strukturiert. Plötzlich wurden klare Verantwortlichkeiten für Abläufe wichtig, um die Schnittstellen zwischen den einzelnen Prozessschritten zu minimieren. Das Ende der von Taylor geprägten, rein funktionsspezifischen Teilaufgabenverrichtung war gekommen.

Zusammenhängendes Denken in Abläufen und abgestimmtes Arbeiten in Prozessen waren die neuen Prämissen der Arbeit. Dadurch wurde Zusammenarbeit zum entscheidenden Wettbewerbsvorteil. Die Schnelllebigkeit von Produkten und deren Herstellung verlangen heute weiterhin eine Perfektionierung in den Abläufen und Prozessen. Immer mehr Unternehmen erkennen aber, dass herkömmliche Abläufe nicht mehr überall adäquat anwendbar sind und kreativeres Vorgehen und Denken immer wichtiger werden.

Die verschiedenen Akteure müssen sich vermehrt diesen Herausforderungen am Arbeitsmarkt stellen. Um den künftigen Erwartungen und Bedürfnissen der unterschiedlichen sozialen Umwelten besser entsprechen zu können, werden Unternehmen sowohl adäquate Prozess- als auch projektorientierte Kooperation ermöglichen müssen. Unternehmen, die Teamarbeit in Prozessen und Projekten auf ihre Fahnen geheftet haben, segeln künftig in gutem Fahrtwind. Firmen müssen sich allerdings auf dynamische Veränderungen einstellen. So werden sie in ihren Prozessen immer mehr Roboter integrieren und in ihren Projekten verschiedene Projektmanagement-Techniken zulassen müssen.

Neben dieser Automatisierung im Bereich des prozessorientierten Arbeitens ist vor allem die signifikante Zunahme von Projektarbeit deutlich zu erkennen. Bei komplexeren Aufgaben und Projekten werden Spezialisten zusammenarbeiten, die zielorientierte Zweckgemeinschaften bilden werden. Projektteams werden immer mehr an Bedeutung gewinnen. Projektarbeit spielt bereits jetzt in der gesamtwirtschaftlichen Betrachtung eine entscheidende Rolle und wird sich zunehmend zum bedeutenden Faktor entwickeln. Die Unternehmen sind gut beraten, sich dieser Entwicklung nicht zu verschließen.

In einer bereits 2007 veröffentlichten Studie der Deutschen Bank wurde dem Anteil der Projektwirtschaft an der gesamten Wertschöpfung in Deutschland zwischen 2007 und 2020 eine fast achtfache Steigerung prognostiziert.[2] Laut einer Erhebung im Auftrag der Deutschen Gesellschaft für Projektmanagement (GPM) wurden 2013 36,7 Prozent des deutschen Bruttoinlandsprodukts in Projekten erwirtschaftet. (Hübner 2015)

Dass dieser Trend anhalten wird, darüber sind sich die meisten Experten einig. Als Hauptgründe für diese fulminante Entwicklung sehen Experten unter anderem:

- Rechtliche Grundlagen: Projektgesellschaften können beispielsweise sowohl in Deutschland als auch in Österreich auf Basis wirtschaftlich sinnvoller und rechtlich adäquater Grundlagen gegründet werden. Ziel- bzw. Ergebnisorientierung stehen im Vordergrund und werden durch rechtliche oder steuerrechtliche Fragen nicht mehr so stark behindert oder aufgehalten wie früher.
- Lokale Förderung und regionale sowie überregionale Bündelung von Branchen Know-how: Durch die Bündelung von Branchenkompetenzen werden Gebiete wirtschaftlich extrem gestärkt. Diese sogenannten Cluster werden auch politisch unterstützt sowie gefördert und forcieren so wiederum die Projektwirtschaft insgesamt.
- Immer mehr mittelständische Unternehmen verschiedenster Branchen erkennen die Vorteile der ressourcenschonenden und kapitalmarktorientierten Instrumente der Projektwirtschaft. Hier kommen die Vorteile der oben geannten rechtlichen Rahmenbedingungen zum Tragen, aber auch die Flexibilität kleiner und mittelgroßer Unternehmen mit spezialisiertem (technologischem) Know-how.

Die steigende Bedeutung der Projektwirtschaft ist kein Phänomen, das nur auf Europa oder die Vereinigten Staaten zutrifft. In vielen Branchen ist der Trend weltweit zu beobachten. Besonders augenscheinlich erscheint mir diese Entwicklung in der Energiebranche:

Mittlerweile verfolgen rund 140 Staaten weltweit Ausbauziele für erneuerbare Energien. Laut aktuellen Zahlen existieren in 138 Staaten konkrete Fördermaßnahmen. Allein in China soll der Anteil erneuerbarer Energien von 2013 bis 2017 um 50 Prozent gesteigert werden. Innerhalb von nur zehn Jahren explodierten die Investitionen in erneuerbare Energien weltweit von 39,5 Mrd. US-Dollar in 2004 auf unvorstellbare 270,2 Mrd. US-Dollar in 2014. Das stärkste Wachstum hat 2014

---

[2] Projektorientiertes, wirtschaftliches Gestalten ist im Sinne der Studie organisatorisch und häufig auch rechtlich als eigenständig zu betrachten. Es handelt sich um Einheiten, die innerhalb von Unternehmen und gemeinsam mit anderen Unternehmen formiert werden.

wiederum China mit rd. 32 Prozent vor Japan und den USA. Europa bildet hier sogar das Schlusslicht mit nur einem Prozent Wachstum. Viele dieser Investitionen fließen in wichtige große und viele kleinere Projekte, um nachhaltige Energiepolitik leben zu können. (REN21 2015; Statista 2016)

2.3 Unternehmen im Wandel

So wie wir Menschen uns im Wandel der Zeit verändern, so verändern sich auch Organisationen im Laufe der Zeit. Die Strukturen unserer Unternehmen sind folglich ein Resultat von Veränderungen. Jedes Unternehmen muss sich sogar den veränderten Rahmenbedingungen anpassen, denn wenn es das nicht früh genug tut, passt das alte Kleid nicht mehr zur Jahreszeit. Wer in extrem dynamischen Zeiten eher unflexibel agiert, wird nur schwer bestehen können. Eine gewisse Anpassungsfähigkeit wird in der Regel (kompetitive) Vorteile bringen.

Es lag immer schon am Geschick der Unternehmen, sich den wirtschaftlichen Veränderungen anzupassen, um im neuen Kontext auch wieder konkurrenzfähig zu sein. Somit hat grundsätzlich jede Organisation ihre eigene Entwicklungsgeschichte.

Wesentliche Veränderungen im wirtschaftlichen Umfeld ziehen demnach strategische Entscheidungen nach sich. Organisationsstrukturen sind wiederum die Folge von den strategischen Vorgaben des Top Managements.

Fehlen die Weichenstellungen in Richtung kluge Strategie oder sind die falschen Strategien gewählt worden, dann wird auch die Struktur nicht passgenau sein können. Ein konkretes Beispiel in diesem Zusammenhang erlebte ich, als ich noch bei einer Bank arbeitete:

Unser Vorstand holte tief Luft. Er erklärte uns, dass er sehr enttäuscht sei. Er habe noch nie in seiner internationalen Bankenkarriere Derartiges erleben müssen.

Wir Key-Account-Manager sahen uns alle verdutzt an. Er fuhr dann fort und richtete mit ernster Miene folgenden Satz an uns: „Liebe Kollegin und Kollegen, ich rate Ihnen eingehend: Erstens bilden Sie sich weiter und zweitens, tun Sie das unbedingt woanders!"

Was war geschehen? Es war im Februar 2002. Ich arbeitete in einer Großbank in Frankfurt am Main. Die Bank führte damals die meisten Technologiefirmen in Europa an den „Neuen Markt". Ich begann meine Arbeit Ende der neunziger Jahre in dieser Bank und arbeitete dort als Neuling in einer angesehenen Abteilung mit sehr karrierebewussten Kollegen, man könnte sie Eliteeinheit nennen.

Es war der strategische Wille des Vorstandes, ein Joint Venture oder eine andere Form der Verflechtung mit einer international agierenden Großbank einzugehen. Die Vertragsverhandlungen mit der anderen Bank kamen gut voran. Wir waren alle überzeugt, im Winner Team zu sein. Unsere Abteilung brachte nämlich guten Ertrag und wir waren nah am Kundengeschehen.

Zu unser aller Überraschung kam es dann ganz anders. Die Bank befand sich noch mitten in den Vertragsverhandlungen. Im Zuge der Vermögensbewertungen wurden „wirtschaftliche Probleme" unserer Bank offenbar. Die Bank geriet in Schieflage. Der Deal platzte.

Wir glaubten uns in einer Winner-Situation, da wir für diese Zusammenlegung strategisch gut positioniert waren. Die Situation änderte sich aber schlagartig. Für jeden Einzelnen unserer Abteilung war klar, dass nun die Zeit für eine rasche, persönliche Veränderung gekommen war.

Auch die Bank musste sich verändern. Die ambitionierte Strategie wurde über Bord geworfen. Die Bank fusionierte schließlich nicht mit der anderen Großbank, sondern wurde von einer anderen kleineren Bank übernommen. Der damalige Vorstand dieser Bank, bestehend aus zehn Mitgliedern, wurde fast zur Gänze – bis auf ein Vorstandsmitglied – rasch ausgewechselt. Das war eine einschneidende Maßnahme. Galten doch Banker zu jener Zeit noch als „die Guten" und die Investmentbanker waren ohnehin „die Tollsten von allen".

Heute gibt es diesen „Neuen Markt" nicht mehr. Er wurde ersetzt durch den „Tech Dax". Viele Erfolg versprechende Start-ups von damals sind heute nicht mehr existent. Die Seifenblase platzte. Das Investieren in künftige Ideen ohne werthaltige Substanz mussten viele teuer bezahlen. Der Geldregen unserer Bank kam zum Erliegen.

Viel Geld ging damals verloren und viele Banker verloren ihren Job. Für die Bank selbst war die alte Struktur kein Thema mehr, die übernehmende Bank fuhr eine andere Strategie.

Traditionelle Organisationsformen

So verschieden die Entwicklungsgeschichten von Organisationen auch sein mögen, im Laufe der Jahrzehnte kristallisierten sich einige wettbewerbstaugliche Organisationsstrukturen heraus. Diese traditionellen Organisationsstrukturen haben zum Teil eine über hundertjährige Geschichte. Einige wenige von ihnen konnten den Veränderungen der Zeit standhalten. Die traditionellen Organisationsformen lassen sich in den folgenden Modellen bündeln:

a) Die funktionale Organisation (s. Abb. 2.1): Dieses Modell ist in organisatorische Einheiten strukturiert. Das hat den Vorteil, dass die Spezialisten genau in ihrem Spezialgebiet die Aufgaben verrichten und klar einer Funktionseinheit zugeordnet sind. Einerlei, ob Beschaffung, Produktion, Vertrieb oder Forschung & Entwicklung, in jeder Einheit sind die Know-how-Träger ihren klaren Funktionsbereichen zugeordnet.

Abb. 2.1 Die funktionale Organisation. Rechte beim Autor

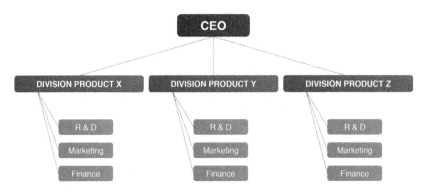

Abb. 2.2 Die divisionale Organisation. Rechte beim Autor

In der funktionalen Organisation gilt das klare Weisungsprinzip „Ober sticht Unter". Der Chef dieser „Linienstruktur" gibt die Kommandos für „seine" Spezialisten vor. Diese Entscheidungen betreffen im Wesentlichen operative Belange. Die eigentliche Marschrichtung gibt die Unternehmensleitung/ Geschäftsführung vor. Alle Funktionsbereiche haben sich diesen Vorgaben funktional einzugliedern. Die Macht ist in der Unternehmensleitung konzentriert.

b) Die divisionale Organisation (s. Abb. 2.2): So wie die funktionale Organisation, findet man auch die „Divisonal Organization" heute noch vor. Sie wird auch Sparten- oder Geschäftsbereichsorganisation genannt. Sie entstand etwas später als die funktionale Organisation und auf deren Grundlage. Die ersten Unternehmen mit dieser Struktur waren in den USA angesiedelt.

Unternehmen wie General Electric stellten sich in ihrer Produktpalette breiter auf. Waren Unternehmen bis dahin nur auf ein einziges Produkt fokussiert, so änderte sich diese Grundausrichtung allmählich. Im Fokus standen nun nicht mehr nur ein Produkt, sondern Regionen, Kundengruppen, Produktgruppen etc.

Abb. 2.3 Die Matrixorganisation. Rechte beim Autor

Wenn sich die strategische Grundausrichtung eines Unternehmens verändert, dann müssen auch seine Strukturen optimal angepasst werden. Dies führte zur neuen Organisationsstruktur im Sinne der Divisional Organization. Neue Märkte wurden erschlossen und die Komplexität stieg. Ab den zwanziger Jahren begann diese Unternehmensform ihren Siegeszug in der Managementgeschichte des letzten Jahrhunderts.

c) Die Matrixorganisation (s. Abb. 2.3): Sie ist eine noch heute häufig anzutreffende Organisationsform. In ihrer Struktur bildet sie die Kombination von zwei Betrachtungsobjekten ab. Sie beinhaltet auf der einen Seite die funktionalen Einheiten (Produktion, Marketing, Verkauf, Einkauf, …), denen auf der anderen Seite verschiedene Regionen, Kundengruppen oder Produktgruppen gegenüber stehen.

Diese Form der Organisation ist deshalb interessant, da sie Gruppenarbeit zulässt. Delegation ist hier notwendig. Die Unternehmensleitung „vertraut" und überantwortet Entscheidungen auf untergeordnete Bereiche. Die untergeordneten Bereiche haben nicht nur Entscheidungen auf operativer Detailebene zu treffen, sondern müssen auch koordinierend arbeiten. Bei der Kooperation unterschiedlicher Arbeitsbereiche entsteht in der Folge einerseits Konfliktpotenzial. Durch die Zusammenarbeit werden andererseits kreative Potenziale der Mitarbeiter einfließen und der Innovationsgehalt gesteigert.

Im Laufe der Zeit nahmen die Komplexität und Dynamik in unserem Wirtschaftsleben immer mehr zu und viele aufkommende Herausforderungen konnten in den traditionellen Organisationsstrukturen nicht mehr bewältigt werden. Was früher mithilfe von Routineabläufen abgearbeitet werden konnte, konnte nun nicht mehr im normalen Tagesgeschehen abgewickelt werden.

Wege zur sekundären Organisationseinheit

Aus den traditionellen Organisationsstrukturen (Primärstrukturen) entwickelten sich daher spezielle Organisationseinheiten (Sekundärstrukturen): Qualitätszirkel, Gremien, Ausschüsse, Projektteams etc.

Im Unterschied zu den traditionellen Organisationsstrukturen sind diese sekundären Einheiten flexibel einsetzbar. Sollten komplexe Aufgaben zu bewältigen sein, so bilden sich beispielsweise Projektteams zielspezifisch, also konkret für dieses Vorhaben aus dem Unternehmen heraus.

Die neuen Organisationseinheiten überlagern die (primäre) Aufbauorganisation, was zu zusätzlichen Schnittstellen und unterschiedlichen Interessen führen kann. Das Konfliktpotenzial steigt nochmals kräftig an. Aufgrund dieser Probleme in der Zusammenarbeit bildeten sich Koordinationsstellen heraus, die die Kommunikation und Steuerung zwischen den verschiedenen Bereichen unterstützen. Hervorheben möchte ich in diesem Zusammenhang drei Sonderformen von Koordinationsstellen:

- das Key-Account-Management,
- das Produktmanagement und
- das Projektmanagement.

- Key-Account-Management: Bei dieser Managementform findet die Koordination kundenspezifisch statt. Ausgewiesene „Schlüssel"-Kunden werden nach strategisch-wirtschaftlichen Kriterien definiert. Die zuständigen Key-Account-Manager übernehmen die Steuerungsfunktion explizit für die ihnen zugewiesenen Kunden. Der Key-Account-Manager versucht, im Sinne des Kunden die Schnittstellen so gering wie möglich zu halten. Im Zentrum des Interesses liegt also der Kunde. Prozesse werden kundenorientiert ausgerichtet, Kundenprozessen wird in der Regel eine hohe Priorität eingeräumt.
- Produktmanagement: Auch hier geht es um die Koordinationsfunktion. Im Blickpunkt liegt nun allerdings nicht ein Kunde, sondern das Produkt. Ein Produktmanager übernimmt die Koordination funktions- und bereichsübergreifend im Sinne des Produktes. Diese Koordinationsfunktion sollte sich über den gesamten Produktlebenszyklus erstrecken. In der Praxis zeigt sich leider immer wieder, dass die Koordinationsfunktion nicht immer friktionslos vonstattengeht. So erzählte mir eine Produktmanagerin in einem Seminar, dass sie von manchen Abteilungen zu spät informiert und dadurch ihre Koordinationsfunktion „untergraben" wird. Für den Produktmanager ist es in solchen Fällen von

Bedeutung, ob er seinen Kollegen gegenüber fachliche Weisungsbefugnisse hat oder nur indirekt per Stabsstelle auf Abteilungen Einfluss ausüben kann, wie dies bei meiner Seminarteilnehmerin der Fall war.

- Projektmanagement: Diese Managementform setzt sich aufgrund der Dynamik und zunehmenden Komplexität in unserem Wirtschaftsleben immer mehr durch. Sie schafft gute strukturelle Voraussetzungen für die heutige Arbeitswelt. Projekte sind zieldeterminierte, temporäre Vorhaben, die komplex, neuartig und riskant sind. Die Projektorganisation ist temporär angelegt. Der Projektleiter steuert und leitet das Team. Nach Abschluss des Projektes löst sich mit Einverständnis des Projektauftraggebers das Team wieder auf. Die Projektbeteiligten arbeiten danach wieder ausschließlich in der primären bzw. permanenten Organisation. In projektorientierten Unternehmen existieren permanente Rollen und temporäre Rollen. Die Hierarchien der primären Organisation können dadurch temporär auf den Kopf gestellt werden.

Projekte können unterschiedlich strukturiert sein und der Unabhängigkeitsgrad von der Primärorganisation kann differieren. Drei Projektorganisationsformen kommen in der Praxis immer wieder vor:

a) Die pure/reine Projektorganisation (s. Abb. 2.4): Bei der puren Projektorganisation löst sich das gesamte Projektteam samt aller Projektbeteiligten aus der primären Organisation heraus. Es wird ausgegliedert und verselbstständigt sich weitgehend. In diesem Fall wird dem Projektleiter oft auch disziplinäre Macht für die Dauer des Projektes zugestanden.

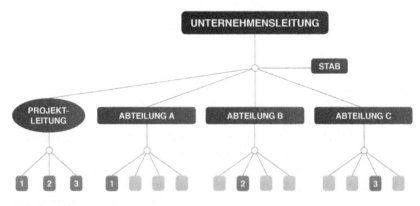

Abb. 2.4 Die reine Projektorganisation. Rechte beim Autor

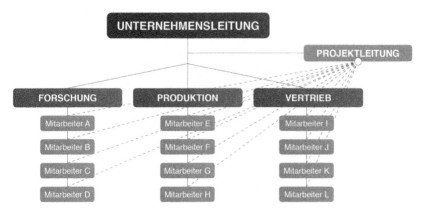

Abb. 2.5 Die Stabs-Projektorganisation. Rechte beim Autor

> ▶ **Tipp:** Wenn ihr in ein derartiges Projekt entsendet werdet, dann lasst
> euch in den Vertrag eine Klausel zur möglichen Rückkehr in euer
> Unternehmen/primäre Organisation nach Projektende eintragen. Pro-
> jekte sind risikobehaftet und können auch scheitern!

b) Die Stabs-Projektorganisation (s. Abb. 2.5): Bei der Stabs-Projektorganisation wird ein Koordinator installiert. Er versorgt die Projektbeteiligten
   mit den notwendigen Informationen und hat in der Regel keine Weisungs-
   befugnis.

> ▶ **Tipp:** Wenn ihr für eine derartige Stabsstelle nominiert werdet, achtet
> darauf, dass die Stabsstelle bzw. Koordinationsstelle direkt bei der Unterneh-
> mensleitung verankert ist. Ihr braucht Durchsetzungsmacht, die durch
> die enge Anbindung an die Geschäftsleitung gewährleistet sein kann.

c) Die Matrix-Projektorganisation (s. Abb. 2.6): Schließlich gibt es noch die
   häufig anzutreffende Matrix-Projektorganisation. Hier gibt es oft Interessen-
   konflikte zwischen der Linie (primäre Stammorganisation) und der Projektorganisation.

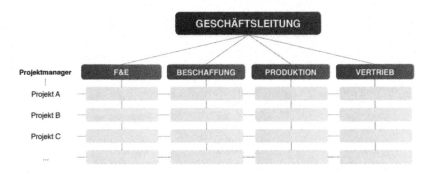

Abb. 2.6 Die Matrix-Projektorganisation. Quelle: Rechnungswesen verstehen

▶ **Tipp:** Wenn ihr in einer derartigen Projektorganisation arbeitet, müsst
   ihr – solange das Projekt läuft – immer wieder zwei „Herren" dienen: zum
   einen dem fachlich Vorgesetzten in der Linie und zum anderen dem
   Projektleiter. Hier ist u. a. eine klare Trennung zwischen temporären
   (Projektteamrollen) und permanenten Rollen (Linienfunktionen) im
   Unternehmen notwendig. Für euch selbst kann in dieser konfliktreichen
   Arbeitssituation eine Basisausbildung bzgl. Kommunikations- und Kon-
   fliktkompetenz sehr wertvoll sein.

2.4   Aktuelle Trends in den Unternehmen

Um nun der vorherrschenden Dynamik im globalen Umfeld Rechnung zu tragen,
versuchen viele Entscheidungsträger, für ihre Organisationen eine passfähige Struktur
zu etablieren. Zudem wird es künftig immer weniger Fachkräfte geben, und ihr jungen Menschen stellt an Unternehmen zum Teil neuartige Anforderungen (Vereinbarkeit von Beruf von Familie, Flexibilität hinsichtlich Präsenz und Arbeitszeiten
etc.). Unternehmen müssen sich diesen Anforderungen anpassen.

Ihr Ypsiloner kennt das Sicherheitsdenken früherer Generationen nicht und wollt
nicht langfristig an ein Unternehmen gebunden sein. Ihr strebt nach Selbstverwirklichung
und Weiterentwicklung – kann euch das ein Unternehmen nicht mehr bieten, scheut
ihr nicht vor einem Arbeitsplatzwechsel zurück. Unternehmen müssen euch jungen
Leuten somit eine attraktive Bühne bieten. Passende Strukturen sind genauso gefragt
wie fantasievolle Strategien und belebende Unternehmenskulturen.

Unternehmenslenker sollten aber nicht allen Modetrends folgen. Wer seine
Struktur neu ausrichtet, muss zuerst eine klare Strategie und fundierte Grundausrichtung für sein Unternehmen haben. Die Kultur spiegelt wider, wie tagtäglich
in einem Unternehmen miteinander umgegangen wird.

Die Strategie und die Strukturen der Unternehmen geben hier auch weitgehend den kulturellen Rahmen vor. Papier ist aber geduldig. Strategiepapiere, Qualitätshandbücher, Projektmanagementrichtlinien und Konfliktmanagementhandbücher sind nichts wert, wenn sie von der Führung des Unternehmens nicht mitgetragen werden. Vorbildwirkung ist hier gefragt. Ebenso ist der ehrliche Wille von Entscheidungsträgern wichtig, das geschriebene Soll in das gelebte Ist umzusetzen.

▶ Wenn ihr bei einer Firma anheuert, wird es sich lohnen, wenn ihr euch – neben der eigentlichen Tätigkeit – über die strategische Ausrichtung und die Organisationsstrukturen erkundigt.

Schon aufgrund der Organisationsform könnt ihr Rückschlüsse darauf ziehen, welche Kultur hier gelebt werden soll.

Traditionelle Organisationsformen, wie die funktionale, lassen mit ihrem hierarchischen Aufbau auf strengere Hierarchien schließen. Für manche ist dieses Umfeld gut, für andere zumindest kein Problem. Für mich ist heute klar, dass ich in solch einem Umfeld nicht glücklich werden kann.

Wenn ihr euch also für ein Unternehmen interessiert, dann erkundigt euch nach dem Soll (Strategie und Struktur). Die Kultur ist das von den Mitarbeitern wahrgenommene Ist. Um einen Eindruck von der täglichen Arbeit in der Firma zu gewinnen, lohnt es sich für euch, die Wahrnehmung einzelner Mitarbeiter und gegebenenfalls externer Kooperationspartner in Gesprächen zu eruieren.

Um auf die anfängliche Überlegung zur Frage zurückzukommen: Welche Organisationsform ist künftig passend für ein Unternehmen? Auch wenn jedes Unternehmen seine eigene Geschichte hat, so gibt es aktuell ein paar wenige Trends, denen sich die Unternehmen auch strukturell nicht verschließen dürfen.

Mit Empowerment zu mehr Entscheidungsfreiheit
Der Begriff Empowerment bezeichnet wörtlich übersetzt Ermächtigung. Es handelt sich um die Übertragung von Verantwortung. Dadurch können Bedürfnisse nach Autonomie und Selbstbestimmung besser befriedigt und Gefühle der Macht- und Einflusslosigkeit (*powerlessness*) überwunden werden. Den Ursprung dieses Trends finden wir bereits in der Human-Relations-Bewegung. Sie entwickelte in den dreißiger Jahren ökonomische Denkansätze, die die Bedürfnisse, psychologische Verfassung und Identität der Mitarbeiter stärker in das Managementkalkül einbezogen.

Der Trend zur Ermächtigung genießt heute hohe Aktualität. Mitarbeiter werden von Führungskräften mit immer mehr Freiheiten und Autonomie ausgestattet. Sie werden zunehmend ermächtigt, Entscheidungen in Eigenverantwortung zu treffen.

Unternehmen, die nach dem Empowerment-Prinzip leben wollen, brauchen auch die dafür notwendigen Strukturen.

▶   Das funktionale, streng hierarchische „Ober-sticht-Unter-Prinzip" hat
    hier endgültig ausgedient.

Wer in einem Unternehmen arbeitet, in dem das Management gewillt ist, Verantwortung an seine Mitarbeiter zu übertragen, und wer zusätzlich noch die notwendigen Skills mitbringt, diese Verantwortung auch wahrzunehmen, kann diesen Trend sehr gut für sein persönliches Weiterkommen nutzen.

Fazit: Für Mitarbeiter bedeutet gelebtes Empowerment: mehr Selbstständigkeit, hohe Verantwortung und geschenktes Vertrauen. Durch Ermächtigung soll den Mitarbeitern mehr Entscheidungsfreiheit übertragen werden. Dazu müssen die Mitarbeiter auch die notwendigen Fähigkeiten mitbringen. Heute hat sich diese Erwartungshaltung in vielen Unternehmen durchgesetzt. Empowerment ist am Arbeitsmarkt für Leistungsträger gefragt.

Teamorientierung zur Bewältigung komplexer Herausforderungen
In einer Welt voller Komplexität und Dynamik reichen Visionen und Strategien alleine nicht mehr aus. In den Führungsetagen wird es immer schwieriger, eine langfristige Marschrichtung vorzugeben, da für die Bewältigung vieler Herausforderungen alternative Lösungswege notwendig sind, die ad hoc und nur im Miteinander bestritten werden können. Komplexe Aufgaben verlangen nach vielen Köpfen, die möglichst frei zu kreativen Lösungen kommen.

▶   Die Kunst im Management besteht demnach darin, eine Struktur zu
    schaffen, die genau diese Zusammenarbeit fördert. Wer ein Umfeld
    schaffen kann, in dem kreatives Kooperieren nicht nur ermöglicht,
    sondern auch gefördert wird, der hat gute Chancen, die künftigen
    Herausforderungen zu meistern.

Wie bereits erwähnt, entstand lose Gruppenarbeit vor langer Zeit. Schon zu Taylors Zeiten war Gruppenarbeit bekannt. In einer streng arbeitsteiligen Produktion war Gruppenarbeit einerseits nicht wirklich gefragt und andererseits wurde unterstellt, dass das schwächste Gruppenmitglied die anderen mit nach unten zieht.

Ein Team besteht aus einer begrenzten Anzahl von Mitgliedern, die vorübergehend oder permanent zusammenarbeiten und sich ergänzen können. Teams verbindet nicht nur eine gemeinsame Aufgabe. Zur Bewältigung komplexer Herausforderungen sind verschiedene Kompetenzträger notwendig, die natürlich auch mehr Schnittstellen hervorrufen können. Erhöhtes Konfliktpotenzial macht in der Regel verbessertes Koordinations- und Führungsverhalten notwendig.

Fazit: Für Mitarbeiter bedeutet Teamarbeit oft eine gewisse Autonomie, wobei innerhalb der Gruppe soziale Kontrollmechanismen in Gang gesetzt werden, die auch zu Gruppenzwang und Konflikten führen können. Für Mitarbeiter sind soziale Kompetenzen in dieser Arbeitsform besonders wichtig.

Entgrenzung für mehr Flexibilität

Unternehmen bilden Organisationen mit klaren Grenzen. In diesen Organisationen ist klar erkennbar, wer mit an Bord ist und wer nicht Teil des Unternehmens ist. Das Unternehmen ist ein Rechtssubjekt und braucht Funktionsträger, die im Sinne des Unternehmens die Geschäfte führen und ausüben.

Unternehmen haben Eigentümer, Führungspersonal und Mitarbeiter, welche durch Arbeitsverträge miteinander verbunden sind. Ihnen erwachsen daraus Rechte und Pflichten. Diese Bindungen sind zumeist auf Dauer angelegt. Weisungsrechte und disziplinäre Machtstrukturen gehen damit einher.

Seit einigen Jahren werden nun immer wieder neue Vertragsformen aus der Taufe gehoben und andere, kreativere Vereinbarungen getroffen. Flexibilität sollte dadurch in den Arbeitsbeziehungen einkehren. Bisherige Mitarbeiter werden zu Dienstleistern, neue Mitarbeiter werden nur noch befristet engagiert, Werkverträge werden zum Zweck eines gezielten Ergebnisses (Werk) vereinbart.

Durch diese vertraglichen Konstruktionen wird einerseits die Bindung der Akteure innerhalb des Unternehmens gelockert. Andererseits werden Kooperationen mit Externen (Stakeholders) zunehmend intensiviert. Durch intensive Kooperation über Jahre wird Vertrauen gebildet, welches im Extremfall zu starken Abhängigkeitsverhältnissen führen kann. So können Zulieferer stark von einem produzierenden Unternehmen abhängig sein oder umgekehrt das produzierende Unternehmen ist zunehmend stark einzelnen Zulieferern „aus-geliefert".

Die Grenzen innerhalb und außerhalb der Firma verschwimmen zunehmend bzw. werden „fluide". Klassische Strukturen werden aufgebrochen und deren Grenzen werden durchlässig.

Wer „fluide Unternehmen" als Arbeitgeber wählt, darf sich vor Verantwortung und Leistung nicht scheuen. Sicherheiten gibt es in diesen Unternehmen kaum. Arbeitsbeziehungen kommen durch bewiesene Leistung, Verlässlichkeit und Durchhaltevermögen zustande. Dieser Vertrauensaufbau kann durchaus mühsam sein und eine Zeit dauern.

▶ Gegenseitiges Vertrauen in Zeiten loser Vertragsbeziehungen wird für die einzelnen Akteure absolut unabdingbar.

Das Schöne dabei ist: Dieser Bruch mit alten und starren Reglements ermöglicht erst den Aufbruch in eine neue Arbeitswelt. Wir können daher unsere Zeit nicht mehr nur an vorgegebene Rahmenbedingungen anpassen und innerhalb dieses Rasters unsere Zeit von 8 Uhr bis 17 Uhr „managen". Die noch aktiven Babyboomer, meine Altersgenossen der Generation X und insbesondere ihr aktiven jungen Ypsiloner, wir alle haben nun die Chance, in einer globalen Welt mit weniger starren Regeln Herausforderungen zu suchen und anzunehmen. Wir müssen heute dankenswerterweise nicht mehr nur die uns vorgegebenen, fixen Arbeitszeiten bestmöglich nutzen.

Wir können sogar unsere persönliche Zeit besser selbst „führen" bzw. „managen" in einer immer flexibleren und auch selbst gestaltbaren Arbeitswelt – innerhalb einer kaum mehr trennbaren imaginären Zeitlinie, die unsere Arbeitszeit und Freizeit spaltet.

Dies hat natürlich auch Auswirkungen auf die Entlohnung. In diesem Portfolio von Tätigkeiten ist immer weniger entscheidend, wie viel Zeit der Arbeitnehmer für die Zielerreichung aufwendet. Die entscheidende Frage wird sein, wie gut das Ergebnis ist und welchen Mehrwert das Unternehmen dadurch generiert.

Fazit: Die Erwerbsarbeit von heute bricht aus ihrem bisher klar definierten Rahmen aus und wird zu einem integralen Lebensbestandteil. An die Stelle der klassischen, räumlich und zeitlich abgegrenzten Arbeitsregularien tritt eine Vielzahl von Teilzeitmodellen und von zeitlich abgrenzbaren, zielorientierten Projektarbeiten. Innerhalb dieser zunehmend verwischten Zeitzonen der Arbeit und der Freizeit wird es für euch junge Leute wichtig sein, dass ihr euren persönlichen Zielen folgen könnt.

Von der Projektkultur zur Konfliktkultur

Wie wir bereits in Kap. 1 erkennen konnten, gibt es zwischen euch und früheren Generationen beträchtliche Auffassungsunterschiede hinsichtlich des Berufes. Während ältere Personen auch unter stressigen Arbeitssituationen noch bis zum

Krankwerden beim gleichen Unternehmen arbeiten, habt ihr vielleicht schon dreimal das Unternehmen gewechselt. Während ältere Kollegen noch oft auf Pflicht-
gefühl und gesetzliche Normen wie „Treuepflichten des Arbeitnehmers" gepolt
sind, fragt ihr euch, wie ihr Freizeit und Beruf am besten vereinen könnt.

Dass bei derartigen Auffassungsunterschieden das gemeinsame Arbeiten in
Unternehmen nicht völlig konfliktfrei abläuft, ist wohl leicht zu verstehen. Neben
zum Teil widersprüchlichen Wertvorstellungen unterschiedlicher Generationen ist
es der Trend zur Projektarbeit, der mit seiner Individualisierung und starkem Leistungsdruck nicht nur strukturelle Veränderungen in Unternehmen (vermehrte
Teamarbeit), sondern damit verbunden auch ein erhöhtes Konfliktpotenzial mit
sich bringt.

Zusammenarbeit einzelner Projektteammitglieder soll aber selbst bei großer
Dynamik möglich sein. Unternehmen sollten sich so aufstellen, dass Wandel und
Veränderung keine Ängste erzeugen, sondern dass die dadurch nutzbaren Chancen
verwertbar werden. Unternehmenslenker müssen daher passende Rahmenbedingungen schaffen, damit Arbeit in Teams für junge Menschen sinnvoll und weitgehend konfliktfrei möglich bleibt (wird). Viele junge Menschen der Generation Y
haben zwar noch Bedarf an wichtigen Skills wie beispielsweise Konfliktfähigkeit,
sie haben sich aber mental bereits an diese dynamischen Zeiten angepasst. Viele
Unternehmen müssen hingegen für diese Menschen erst fit gemacht werden.

In diesem Zusammenhang tritt auch ein Trend der späten achtziger Jahre wieder
auf: die „Dynamisierung". Dieses Phänomen der Organisationsforschung sieht im
Unternehmen kein statisches Gebilde mehr. Die Organisation wird als ein dynamisches Phänomen betrachtet und als ein System eingestuft, das sich im Laufe der
Zeit Wandlungsprozessen unterzieht.

Der Begriff Dynamisierung bringt die zunehmende Bedeutung von „Veränderung"
und „Entwicklung" in den Fokus und wurde vom Soziologen Dr. Klaus Türk eingeführt. (Türk 1989)

Es gibt einige Möglichkeiten, sich diesem Wandel von Organisationen zu nä-
hern. Einen oft praktizierten Zugang möchte ich im Folgenden näher erläutern, die
Organisationsentwicklung (OE) im klassischen Sinne des organisationalen Wandels:

Ein Unternehmen definiert ein Projekt zur organisatorischen Weiterentwicklung.
Ein nominiertes Projektteam führt dieses durch und schließt es ab. Das Ziel kann
dabei die Implementierung einer neuen Struktur sein. Der Erfolg des Projektes erweist sich später in der gelebten Kultur, also darin, ob die neuen, strukturellen
Veränderungen dann auch im Unternehmen gelebt werden.

Ein klassisches OE-Projektbeispiel aus meiner Tätigkeit als Berater für organisationalen Wandel im Sinne einer gezielten Organisationsentwicklung ist die Einführung eines Projektmanagement-Systems (PMS) in ein Unternehmen. Ein
anderes, neuartiges Beispiel ist die Einführung eines Konfliktmanagement-Systems

(KMS) in Unternehmen. Sowohl die Einführung eines PMS als auch die Etablierung eines KMS sind in der heutigen Zeit durchaus sinnvoll.

Viele Unternehmen haben auf die Zunahme an Projektarbeit reagiert. Sie erkannten, dass sie häufig Defizite im Planen und Abwickeln von Projekten hatten und ließen daher ihr Projektmanagement professionalisieren. Dadurch haben sie in der Regel nicht nur die notwendigen, strukturellen Voraussetzungen in Form einer Projektmanagement-Richtlinie etabliert, sondern auch die Basis zur PM-Kultur-Optimierung geschaffen.

▶   Während auf der einen Seite viele Unternehmen ein Projektmanagement-System bereits vollständig implementiert haben, haben auf der anderen Seite erst relativ wenige ein Konfliktmanagement-System eingeführt.

Durch die beschriebenen Veränderungen entstehen aber nicht nur mehr Projekte, sondern eben auch immer mehr Konfliktpotenziale. Unternehmen sind jedenfalls gut beraten, wenn sie mit Konflikten und Projekten künftig noch professioneller umgehen. Unternehmen sollten in der Lage sein, Konfliktfälle bzw. Projekte gut managen zu können. Eine Studie zu den Konfliktkosten deutscher Industrieunternehmen erhärtete diese These. Vor allem projektbezogene Konfliktkosten wurden dadurch augenscheinlich. Je nach Projektgröße bezifferten die Experten die Kosten, welche durch Konflikte hervorgerufen wurden, mit 50 000 bis 500 000 Euro je Projekt. (KPMG 2009)

Fakten, wie sie diese Studie aufzeigt, lassen die Notwendigkeit nach verbesserter Konfliktkultur bei erhöhter Projektorientierung deutlich erkennen. Erfreulicherweise beginnen immer mehr Unternehmen, sich diesem neuen Trend in der Organisationsentwicklung zu öffnen.

Fazit: Viele Unternehmen haben noch Entwicklungsbedarf in Bezug auf ihr Projekt- und Konfliktmanagement und sollten lernen, mit diesen Phänomenen unserer Arbeitswelt besser umzugehen, um einen gewissen Reifegrad im Projektmanagement und Konfliktmanagement entwickeln zu können. Die auf Grundlage des strategischen Willens etablierte Struktur muss allerdings auch mit Leben gefüllt werden. Der Reifegrad bezieht sich daher nicht nur auf die (schriftlich fixierte) Struktur, sondern auch auf die (erlebte) Kultur. Papier alleine ist geduldig. Gelebt wird der Wandel von den Organisationen und ihren Menschen. Die Kosten, die durch Qualitätsmängel im Konfliktmanagement und Projektmanagement entstehen, sind enorm. Kollateralschäden, wie Imageschäden oder Demotivation in den Teams, sind dabei oft gar nicht zur Gänze monetär zu berechnen.

Projektjobs bieten neue Chancen

Obgleich wir es mit außergewöhnlich schwierigen Rahmenbedingungen zu tun haben, sollten wir nicht übersehen, dass wir künftig ein chancenreiches Dasein selbst mitgestalten können. Dies gilt aus meiner Erfahrung besonders für Akteure in der Projektwirtschaft.

▶ Projektarbeit ist die Arbeitsform mit Zukunft. Sie nützt nämlich die Phänomene unserer dynamischen Welt am besten.

Dies gilt insbesondere für die junge Generation der Ypsiloner. Projektarbeit bietet gerade für junge Menschen gute Jobmöglichkeiten. Wer Flexibilität auf seine Fahnen heftet, wer in dieser Welt beruflich etwas erleben möchte, wer gerne mit verschiedenen Menschen zusammenarbeitet, wer Ziele konsequent verfolgen kann und Ergebnisse am Ende seiner Arbeit sehen möchte, der ist in der Projektarbeit gut aufgehoben.

Wer sind nun die Projektakteure am Markt und wer kann sich zu einem potenziellen Profitakteur am Projektmarkt entwickeln?

Häufig sind es einzelne – oft selbstständig am Projektmarkt – präsente Akteure: Sie sind Projektleiter, Projektcoach, Projektassistent, Spezialist/Projektteammitglied, PM-Trainer u. v. m. Zudem gibt es die „proto-korporativen" Projektakteure, also Teile von Unternehmen wie Forschungs- und Entwicklungsabteilungen, Bauabteilungen, IT-Abteilungen etc. und sogenannte korporative Akteure, also ganze Unternehmen, die ihre Strategie in Richtung Projekte und Projektarbeit ausrichten (Projektmanagement-Systeme in Organisationen/PMS).

Einzelne Projektakteure müssen nicht mehr rigide dem tagtäglich vorgesetzten Zeitrahmen folgen, sondern sie haben die Chance, ihre individuelle Zeit immer besser „führen" zu können. Natürlich gibt es situationsbedingte und rollenspezifische Unterschiede. Für einen Projektleiter in einem wichtigen Projekt in einer „heißen Projektphase" werden der Zeitrahmen und der Handlungsspielraum viel enger sein als etwa für einen Projektcoach oder Projektassistenten während der Projektabwicklung im Rahmen des routinemäßigen Controllings des Projektes.

Die eigene Zeit führen zu können, bedeutet aber viel mehr. Nämlich grundsätzlich das tun zu können, was dem individuellen Lebenssinn bzw. der individuellen Lebensphase besser entspricht. Sinnstiftende Arbeit hat nicht jeder und ist nicht selbstverständlich. Sinnstiftende Arbeit ist aber etwa für Projektleiter von besonderer Bedeutung. Ein konkretes Ziel vor Augen und ein „fassbares Ergebnis" am Ende des Projektes machen die Sinnhaftigkeit der täglichen Projektarbeit besser sichtbar. Projektakteure haben im Kontext der Sinnhaftigkeit ihrer Arbeit gewöhnlich einen Vorteil gegenüber anderen Mitarbeitern in Unternehmen mit routinemäßigen Abläufen.

Unternehmen sollten selbst dann, wenn es nicht unmittelbar um Projektarbeit oder Zusammenarbeit im Team geht, ihre Abläufe und Büroausstattungen im Sinne der Mitarbeiter ständig hinterfragen. Die sogenannten Coworking Spaces sind durch veränderte Rahmenbedingungen entstanden. Auch „normale" Arbeitskräfte haben Wünsche und Bedürfnisse. Sie haben vor allem oft verborgene Talente, die in abgesonderten Büros, die wie Legebatterien angelegt sind, nie zum Vorschein kommen können.

Als ich noch Bankangestellter war, konnte ich meine Arbeitszeit nur innerhalb eines relativ eng gesteckten Rahmens einteilen. Nicht viel anders erging es mir in der tagtäglichen Arbeit als Geschäftsführer eines kleinen Unternehmens oder als Vorstandsassistent sowie Angestellter in einem Versicherungskonzern und in einem Energieversorgungsunternehmen.

Mir missfielen die starren, vorgegebenen Arbeitszeiten meines Arbeitgebers. Was mir zusagte, war die Zeit, in der ich als Angestellter die Projektleitung diverser Projekte in der Energiebranche übernehmen durfte. Ich war flexibler in meiner Zeiteinteilung und hatte einen größeren örtlichen Aktionsradius. Auch als Bankangestellter war ich von Zeit zu Zeit besonders motiviert. Dies aber nur, wenn ich vor Ort bei Firmenkunden war und über konkrete Geschäftsansätze sprechen konnte, dann war ich ganz bei der Sache. Selbst die Wahl des Verkehrsmittels und die Reise zum Kunden bescherten mir ein Freiheitsempfinden, wie ich es im Büro nie hatte, aber tatsächlich brauchte.

Fazit: Unternehmen und diverse Institutionen müssen sich den neuen Herausforderungen, die durch Projektarbeit entstehen, stellen und ein vielfältiger gestaltetes Arbeitsumfeld in ihren Organisationen für ihre Mitarbeiter in Projekten schaffen. Das beginnt bei der zeitlichen Flexibilität und endet bei der örtlichen Ungebundenheit.

Neue Jobchancen und Karrierewege für junge Frauen und Männer

Nach neuesten Untersuchungen wird sich der Arbeitsmarkt dramatisch ändern. Ein Rückgang von 6,5 Millionen Arbeitnehmern ist in Europa in wenigen Jahren zu erwarten, trotz beträchtlicher Flüchtlingsströme wird dieses Defizit nicht annähernd kompensiert werden. Oberflächlich betrachtet wird dies für den Arbeitsmarkt von Vorteil sein, da diese Entwicklung eine hohe Beschäftigungsrate verspricht. Allerdings ist hierfür leider nicht die Konjunktur, sondern die Demografie verantwortlich. Wegen extrem niedriger Fertilitätsraten in der westlichen Welt und einer großen Anzahl von Menschen, die in absehbarer Zeit in den Ruhestand gehen werden, wird es zu dieser Lücke am Arbeitsmarkt kommen. Eine Lücke, die auch von euch sehr gut ausgebildeten jungen Ypsilonern nicht geschlossen werden kann. Von dieser Entwicklung werden auch viele junge Frauen profitieren können. Die Politik wird Maßnahmen ergreifen müssen, um die Erwerbstätigkeit insbesondere von Frauen zu erhöhen, um den Arbeitskräfterückgang kompensieren zu können. Das heißt, dass ihr – gut ausgebildeten Ypsiloner – hervorragende Voraussetzungen habt, künftig gute Jobs zu finden. Gute Jobs zu finden, bedeutet auch, interessante Weiterentwicklungsmöglichkeiten und Karrierewege vorzufinden. Immer mehr Firmen erkennen die Notwendigkeit von Employer Branding. Findige Personaler schaffen Anreize, um euch als Arbeitskräfte zu gewinnen und im Unternehmen halten zu können. Ein wichtiger Aspekt liegt dabei in der Aussicht auf berufliche Weiterentwicklung bzw. Karriere.

Da es die meisten von euch nicht mehr sehr interessiert, möglichst große Machtfülle durch Positionskämpfe zu erreichen, müssen sich Unternehmen alternative Karrierepfade überlegen. Ein Trend geht dahin, euch jungen Mitarbeitern mehrere Karrierepfade zur Verfügung zu stellen:

- **Der klassische Karriereweg:** Der klassische Karriereweg bleibt uns erhalten. Das heißt, Hierarchien wird es auch in Zukunft geben (müssen). Wer die Karriereleiter emporsteigt, gewinnt in der Regel an disziplinärer Machtfülle, Geld und Prestige.
- **Der Experten-Karrierepfad:** Hier kann etwa der technikaffine Experte durch geförderte Weiterbildungsmaßnahmen an fachlicher Kompetenz gewinnen, damit durch Expertenwissen sein Ansehen erhöhen und seine faktischen Einsatzmöglichkeiten erweitern. Dadurch steigert er natürlich auch seinen Marktwert innerhalb der Firma.
- **Der Projektleiter-Karrierepfad:** Junge Mitarbeiter werden hier eingeladen, sich im Projektmanagement weiterzubilden und Projektpraxis zu erwerben. Mehrere Levels können firmenintern durch Praxisnachweis und Theoriewissen erreicht werden. Je höher die Stufe, desto komplexer sind die Projekte, die der Projektmanager leiten darf. Er gewinnt in diesem Unternehmen nicht nur an Anerkennung, er macht interessante Führungserfahrungen, trägt Verantwortung und steigert seinen Marktwert innerhalb der Firma. Lässt er sich darüber hinaus nach einer der großen PM-Zertifizierungsstellen (bspw. PMI oder IPMA) zertifizieren, so steigert er seinen Marktwert auch außerhalb der Firma.

Unternehmen sollten ab Beginn der Einstellung eines neuen Mitarbeiters ihr karrierebegleitendes Talentemanagement professionalisieren, damit die neuen Mitarbeiter nicht nur für die inhaltlich passenden Arbeiten eingestellt werden, sondern deren

Entwicklungspotenzial über die Jahre voll ausgeschöpft werden kann. Davon könnten sowohl die jungen Mitarbeiter als auch die Firmen selbst profitieren.

Die erkennbare Entwicklung in Richtung alternatives Karrieredenken ist aus meiner Sicht sehr erfreulich. Früher gab es fast ausschließlich den klassischen Karrierepfad. Männer konnten gut damit leben, waren sie doch seit Jahrtausenden gewöhnt, mit Macht und Hierarchien zu leben. Aber viele Frauen fanden und finden diese Karriereaussicht offenbar nicht besonders attraktiv. Diese These belegt auch eine Studie des internationalen Beratungsunternehmens Bain & Company, das in den USA 1 000 Frauen und Männer verschiedenster Altersgruppen und Hierarchieebenen zum Thema Chancengleichheit befragt hat (2014). Laut besagter Studie sind es fünf Jahre nach Karrierestart gerade einmal 16 Prozent, der Frauen die noch Ambitionen haben, ins Top Management zu gelangen! Am Beginn ihrer Karriere können sich das noch über 40 Prozent der Frauen gut vorstellen. Der Knick in der (klassischen) Karriere erfolgt bei den Frauen in der mittleren Phase ihrer Karriere.

Bei Männern verschiedener Altersgruppen liegt der Wert bei rund 34 Prozent zu Beginn der Karriere und bleibt dann stabil.

Die Studie kam zu dem Schluss, dass nachfolgende Gründe für die abnehmenden Karriereambitionen von Frauen verantwortlich sind:

- Fehlen von ehrlicher Anerkennung und Unterstützung durch das Management
- Notwendigkeit des Anpassens an erwartetes „Siegertypen-Image"
- Mangel an weiblichen Vorbildern

Die Arbeit in Projekten könnte mögliche Auswege aus dieser Misere aufzeigen. Alle Projektbeteiligten sitzen nämlich im selben Boot. Voraussetzung dafür ist eine gut entwickelte Projektkultur im Unternehmen. Ich kann aus meiner eigenen Erfahrung nur bestätigen, dass eine hohe Projektkultur in Unternehmen kaum noch Platz für stereotype Siegerimages lässt. Projektorganisationen setzen sich häufig aus Personen unterschiedlicher Hierarchieebenen zusammen. Es hilft dann wenig, „nach oben hin" zu brillieren, wenn der Projektleiter ein offensichtliches Akzeptanzproblem im Team hat. Durch spezifische, messbare Ziele wird der Zielerreichungsgrad transparent und im routinemäßigen Projektauftraggebermeeting beurteilt. Verantwortungsbewusste Projektauftraggeber unterstützen den Projektleiter bei der Zielerreichung des Projektes, da sie ihrerseits dem Unternehmen gegenüber den Projekterfolg verantworten. Häufig ist auch das Top Management – in der Rolle des Projektauftraggebers bzw. des Projektlenkungskreises – Teil einer Projektorganisation. Projektarbeit könnte daher eine Chance für Frauen sein, Führungsverantwortung zu übernehmen. Leider wird dies bis dato noch viel zu selten erkannt. Erfreulich ist aber, dass hier ein positiver Trend erkennbar ist und immer mehr Frauen in Projekten arbeiten.

Projektarbeit kann Frauen beim Wiedereinstieg in das Berufsleben wertvolle Möglichkeiten bieten, denn Projekte sind immer neuartig und eröffnen gerade deshalb immer wieder neue Einstiegsperspektiven in der Wirtschaft. Häufig leiden Frauen bei der Rückkehr in den Arbeitsprozess der „alten Firma" unter dem geschwundenen Einfluss, der inhaltlich weniger interessanten Arbeit und der verminderten Entscheidungskompetenz und -freiheit. In Teilzeit finden sich viele von ihnen in einer hierarchisch niedrigeren Position wieder. Projektarbeit kann hier eine gute Alternative bieten: Sie erfordert Know-how anstelle von Vollzeit-Präsenz und Anschlussfähigkeit anstelle von permanenter Präsenz. Selbstverständlich soll auch bei Projektarbeit die Notwendigkeit einer gut organisierten Kinderbetreuung nicht außer Acht gelassen werden.

Fazit: Arbeitgeber bzw. Unternehmen werden aufgrund demografischer Veränderungen noch mehr junge Frauen und Männer für sich gewinnen müssen. Sie müssen sich auch über temporäre personale Vakanzen Gedanken machen und versuchen, die „Lücken" bedingt durch demografische Veränderungen so schnell wie möglich zu schließen. Viele Unternehmen denken um und versuchen, für junge Mitarbeiter interessante Anreize zu schaffen. Alternative Karrierewege können ein Weg sein, die Mitarbeiter im Unternehmen länger zu halten. Projektorientierte Unternehmen sind hier beweglicher und können Mitarbeiter, wenn notwendig, auch punktuell für konkrete Projekte einsetzen. Unternehmen, die projektorientiert aufgestellt sind, haben mehr flexible Einsatzmöglichkeiten, wenn beispielsweise ein Elternteil wieder in den Berufsalltag zurückkehrt. Begleitendes Talentemanagement kann ab Berufseinstieg für Unternehmen und Mitarbeiter zu einer Win-Win-Situation führen.

Insbesondere junge Ypsiloner, die über eine solide Fachausbildung verfügen und erste Erfahrungen im Projektmanagement gemacht haben, können zu Profitakteuren avancieren. Es eröffnen sich bessere Karrierepfade jenseits der schlichten vertikal-hierarchischen Machtausübung und neue Jobchancen werden für Experten und Projektmanager entstehen.

Flexicurity bewirkt neue Unternehmensformen

Die Kriterien für die Wahl eines Arbeitsplatzes werden sich in den nächsten Jahren noch weiter ändern: Es wird verstärkt darum gehen, inwieweit der Arbeitgeber bereit oder befähigt ist, auf die jeweilige Lebenssituation oder das Wohlbefinden des Arbeitnehmers zu reagieren. Flexible Arbeitszeitmodelle, die dem Bedürfnis der Arbeitnehmer nach Sicherheit trotzdem Rechnung tragen, werden die Arbeitgeberattraktivität entscheidend beeinflussen. „Flexicurity" wird zum Schlagwort.

Unternehmen werden nur schwer dieses Spannungsfeld junger Menschen zwischen den starken Bedürfnissen nach Sicherheitsdenken einerseits und (flexibler)
Gestaltungsfreiheit andererseits auflösen können. Auch eure Generation wird bei
allem Bestreben nach Flexibilität Zeiten erleben, in denen ihr mehr Ruhe und
Sicherheit benötigt. Lebensentscheidungen wie eine Familiengründung werden bei
aller Freizeit- und Freiheitsorientierung auch das Bedürfnis nach Sicherheit und
Geborgenheit wachsen lassen.

Die Unternehmensformen, die aus heutiger Sicht den weiten Bogen über dieses
Spannungsfeld am besten spannen werden können, werden einerseits die sogenannten Caring Companies und andererseits die bereits erwähnten fluiden Unternehmen
sein.

- Caring Companies: Diese Unternehmen werden nicht nur die einzelnen Mitarbeiter binden, sondern auch deren Partner und Kinder. Sie werden sich auf
  den Menschen und seine Lebensinteressen einstellen. Dazu zählen neben eigener Infrastruktur für Freizeitangebote und Kinderbetreuung auch Zusatzangebote
  wie medizinische Betreuung und Gesundheitsvorsorge, Wohnmöglichkeiten
  sowie diverse Entertainmentlocations wie Kinos und Restaurants mit guten Konditionen für Mitarbeiter.

  Gerade für wirtschaftlich gesunde Unternehmen, die nicht in Ballungszentren,
  sondern in peripheren Gebieten angesiedelt sind, wird es immer schwieriger werden, junge gut ausgebildete Mitarbeiter zu halten. Durch Rundum-Versorgungs-
  Pakete sollen Spezialisten und Projektakteure längere Zeit gebunden werden.

  Trotz des ausgeprägten Sozialverhaltens für das „firmeneigene Personal"
  sind derartige Unternehmen keine geschlossenen Systeme und können sich
  nicht den Trends der Arbeitswelt entziehen. Kooperationen und projektorientiertes Arbeiten mit anderen Akteuren werden auch in diesen Unternehmen notwendig sein, um erfolgreich agieren zu können.
- Fluide Unternehmen: Wie bereits erwähnt gibt es den Trend zur Entgrenzung in
  Firmen. So sind die Firmen nicht mehr in ihren Einheiten und Strukturen klar
  abgrenzbar. Wer als Mitarbeiter zählt, ist oft gar nicht so einfach festzustellen.
  Festangestellte gibt es dabei kaum noch. „Angehörige" dieser Unternehmen
  sind durch Verträge kurzfristig gebunden. Der überwiegende Teil der Firmenangehörigen arbeitet projektbezogen und schätzt die Ungebundenheit. Sie arbeiten gerne in guten Teams zusammen und verabschieden sich nach vollendetem
  Werk/Projekt.

Solche Unternehmen werden die bereits genannten korporativen Akteure sein. Sie werden als gesamtes Unternehmen projektorientiert arbeiten. Die einzelnen Projektakteure dieser Unternehmen leben ihre individuelle Freiheit. Fluide Unternehmen bieten kaum Sicherheit für die einzelnen Projektakteure, sie bieten aber flache Hierarchien und Abwechslung. Die besten Köpfe werden gesucht und temporär auf Vertrauens- und kurzfristiger Vertragsbasis gebunden. Die Akteure, die in diesen Firmen arbeiten, werden in der Regel sehr gut bezahlt, tragen allerdings auch das größte Risiko selbst. Sie wechseln nach einzelnen Projekten die Firma und sind bereit für die nächsten Herausforderungen, auch in einem anderen Land.

Fazit: Es werden sich wohl zwei Formen von Unternehmen am Arbeitsmarkt durchsetzen, die den beiden wichtigen Bedürfnissen – nach Sicherheit und flexibler Gestaltungsfreiheit – am ehesten gerecht werden. Zum einen sind dies die (entgrenzten) „fluiden" Unternehmen und zum anderen die (fürsorglichen) „Caring Companies".

2.5   Die Arbeitswelt der Zukunft

Wir schreiben das Jahr 2030. Kalil ist 27, er hat soeben seinen Master of Science, Studienfach Informationssicherheit, abgeschlossen. Seine Praktika bei einem britisch-brasilianischen Energie-Konzern in London und Indien lassen ihn bereits unmittelbar nach Studienabschluss mit einigen Jobangeboten beruhigt in die Zukunft blicken. Neben seiner Auslandserfahrung kommt ihm natürlich auch seine Mehrsprachigkeit zugute. Kalil kam mit zwölf Jahren als Flüchtling mit seinen Eltern aus Syrien nach Deutschland. Mit Arabisch als Muttersprache, Deutsch und Englisch sind es vor allem seine Sprachenkenntnisse und seine Fachexpertise zum Thema Informationssicherheit, die im Energiesektor nachgefragt werden. Momentan arbeitet er in einem Projekt für ein Unternehmen, das im Bereich erneuerbare Energien tätig ist. Das Unternehmen sitzt in Den Haag, die Projektteammitglieder sind allerdings über die ganze Welt verstreut. Kalil kann sich seine Zeit frei einteilen – nur bei den Live-Konferenzen muss er pünktlich vorm Rechner sitzen. Kalil schätzt diese Flexibilität und er mag die Dynamik der Projektarbeit. Er hätte natürlich auch bei Firmen arbeiten können, die ihm eine Festanstellung geboten hätten, mit Fitnessstudio, Kranken- und Lebensversicherung, günstigen Urlaubsangeboten etc. Das war ihm dann aber doch irgendwie zu festgefahren, zu endgültig und zu konservativ. Eigentlich möchte er noch gar nicht wissen, wo und wie er in zehn Jahren arbeiten wird. Solange er nur für sich selbst zu sorgen hat, entscheidet er sich für Spannung und Risiko statt Routine und Sicherheit.

So wie Kalil werden viele gut qualifizierte junge Leute in den 2030ern arbeiten. Flexibilität, Selbstverantwortung und ergebnisorientiertes Arbeiten werden ihren Arbeitsalltag prägen. Jene, die neben einer hohen fachlichen Qualifizierung auch noch entsprechende persönliche und soziale Skills mitbringen, werden interessante Möglichkeiten vorfinden, ihre Fähigkeiten zum Einsatz zu bringen – und dafür auch gut bezahlt werden.

Demografische Veränderungen bewirken Machtverschiebungen
Auf weltwirtschaftlicher Ebene prognostizieren Experten einen klaren Wandel der ökonomischen Macht in Richtung Asien. Im Jahre 2030 wird China die größte Volkswirtschaft der Welt sein – gefolgt von den USA und Indien. Die weltweite Verflechtung wird zunehmen. Die weltweiten Importe werden schneller wachsen als das globale Bruttoinlandsprodukt. Russland, Brasilien, Mexiko und die MINT-Staaten (Mexiko, Indonesien, Nigeria, Türkei) gelten als vielversprechende Staaten, deren Wirtschaftswachstum das der Industrieländer bei Weitem übersteigen wird.

Während diese Länder zwar noch mit gesellschaftspolitischen Problemen zu kämpfen haben, können sie auf große Rohstoffvorkommen und eine Bevölkerung mit vielen Menschen im erwerbsfähigen Alter zurückgreifen. Damit unterscheiden sie sich wesentlich von den europäischen Industrienationen, die zum einen von rohstoffreichen Ländern wie beispielsweise Russland oder China abhängig sind und zum anderen mit einer demografischen Entwicklung zu kämpfen haben, die weitreichende politische Maßnahmen erfordert, um die gesamtwirtschaftliche Leistung halten zu können.

Auch wenn, wie es momentan besonders eindrücklich erlebt wird, mit einem zunehmenden Migrationsverhalten in Richtung Industrienationen zu rechnen ist, gelten schrumpfende Bevölkerungszahlen bereits jetzt als Tatsache. So rechnet man in Deutschland mit einem Bevölkerungsrückgang von fünf Prozent (im Vergleich zum Jahr 2009) für das Jahr 2030 und einem Rückgang um fast 20 Prozent für das Jahr 2060. (Rump 2013)

Eine weitere einschneidende Veränderung in der Demografie der Industrienationen wird die Alterung der Bevölkerung sein. Der Geburtenrückgang seit den siebziger Jahren in Kombination mit dem Nachkriegs-Babyboom in den späten fünfziger und sechziger Jahren wird dazu führen, dass 2030 bereits fast 30 Prozent der Bevölkerung 65 Jahre und älter sein werden. Betrachtet man diese Anzahl der über 65-Jährigen je 100 Personen im erwerbsfähigen Alter (zwischen 20 und 65

Jahren), erhält man den Altenquotient, eine sehr aussagekräftige Kennzahl, wenn es darum geht einzuschätzen, wie sich die Belastung zur Erhaltung des Sozialsystems für die Erwerbsbevölkerung entwickeln wird. Mit einem Altenquotient von 33,7 im Jahre 2009 und einem prognostizierten Wert von 65,3 im Jahre 2060 in Deutschland liegt die Herausforderung für Politiker und Sozialpartner auf der Hand. (Rump 2013)

Fazit: Nicht zuletzt die Alterung unserer Gesellschaft erzeugt eine wahrlich prekäre Situation, die selbst für sogenannte Sozial-Politiker seit langer Zeit absehbar war und dennoch nicht auf die europäische Agenda gesetzt wurde. Gegen die Interessen unserer jungen Bürger, aber ganz im Sinne des kurzfristigen Machterhalts, wurden in den meisten europäischen Ländern bis heute keine ausreichenden Maßnahmen für den Rentenerhalt der wenigen jungen Ypsiloner getroffen. Politische Interessenverbände werden sich vollkommen neu definieren müssen. Sie bemängeln auf der einen Seite die prekären Arbeitsverhältnisse der jungen Ypsiloner und fördern auf der anderen Seite die wirklich prekären ökonomischen Voraussetzungen zu Ungunsten unserer jungen Mitbürger.

Megatrends verändern die Arbeitswelt
Neben der demografischen Entwicklung sehen Experten weitere Megatrends, deren Auswirkungen global spürbar sein werden und dementsprechend auch vor unserem Arbeitsmarkt nicht haltmachen werden. Diese sind sowohl auf technisch-ökonomischer Ebene als auch auf gesellschaftlicher Ebene zu erwarten.

a. Gesellschaftliche Megatrends

Individualisierung und Sensibilisierung für Nachhaltigkeit
Gesellschaftlich gehen Experten von einer zunehmenden Individualisierung aus, die dem Einzelnen die Möglichkeit zu Selbstfindung und Selbstverwirklichung ermöglicht. Dementsprechend werden sich die Kriterien für die Wahl eines Arbeitsplatzes in den nächsten Jahren noch weiter ändern: Es wird verstärkt von Bedeutung sein, inwieweit der Arbeitgeber bereit oder befähigt ist, auf die jeweilige Lebenssituation oder das Wohlbefinden des Arbeitnehmers zu reagieren. Flexible Arbeitszeitmodelle, die dem Bedürfnis der Arbeitnehmer nach Sicherheit trotzdem Rechnung tragen, werden die Arbeitgeberattraktivität entscheidend

beeinflussen. Neben dem bereits erwähnten Schlagwort der „Flexicurity" werden Unternehmen im Sinne ihrer Kunden auch den Nachhaltigkeitsgedanken noch mehr berücksichtigen müssen. Unternehmen, die diese Chance erkennen, können das geänderte Kaufverhalten beispielsweise durch ein effektives Corporate Social Responsibility Management nutzen.

> **Fazit:** Es klingt wie ein Paradoxon. In einer globalen, von digitalen Vernetzungen geprägten Welt verarbeiten Menschen zwar zeitgleich Milliarden von Daten und kommunizieren weltweit. Dennoch oder gerade deswegen lässt sich eine Trendwelle in Richtung Individualität feststellen. Junge Menschen werden besonders gerne in Firmen arbeiten, die ihren individuellen Motiven bis hin zur Selbstverwirklichung entsprechen können. Ebenso erleben wir eine schnelllebige Welt, in der Menschen Kaufentscheidungen binnen Sekunden treffen und online abwickeln, das Kundenbewusstsein allerdings immer stärker auf nachhaltige Produkte und Dienstleistungen abzielt.

b. Ökologische Megatrends

Verknappung der Rohstoffsituation und Energieversorgung

Die zunehmende Sensibilisierung für Nachhaltigkeit wird genährt durch die zum Teil alarmierenden Prognosen über eine Verknappung der Rohstoffe und die Entwicklung der Energieversorgung. Prognostizieren Experten zwar eine zu vernachlässigende Steigerung des Energiebedarfes in den OECD-Staaten, wird der weltweite Bedarf an Energie und Rohstoffen aufgrund des weltweiten Bevölkerungswachstums und des steigenden Wohlstands in den Less Developed Countries (LDC) doch weltweit steigen (um 23 Prozent bis 2030), was unweigerlich zu einer Verknappung der Ressourcen führen wird. (Rump 2013)

Viele Industrienationen, unter anderem auch Deutschland als rohstoffarme Nation, werden sich mehr und mehr der Herausforderung stellen müssen, sich aus der Rohstoffabhängigkeit zumindest teilweise zu befreien, soll diese nicht der Grund für Wertschöpfungsverluste und abnehmende Wettbewerbsfähigkeit deutscher Unternehmen werden. Für diese Staaten und energieintensive Unternehmen wird es gleichermaßen wettbewerbsentscheidend werden, ob sie früh genug in neue Erschließungs-, Logistik- und Verwertungstechnologien für unkonventionelle Rohstoffquellen investieren.

Des Weiteren ist festzuhalten, dass künftig mit einer verstärkten Nachfrage nach neuen Rohstoffen zu rechnen ist. Während Experten von einem langfristigen Rückgang der Nachfrage nach Öl und Gas ausgehen, werden vermehrt sehr seltene

Metalle wie Platin oder Palladium, Coltan, Gallium, Cadmium oder seltene Erden nachgefragt werden. Sie finden ihren Einsatz in Mobiltelefonen, Katalysatoren, Rechnern und Batterien. Die bekannten Vorräte sind zum Teil begrenzt. Ihre Verfügbarkeit wird über Wertschöpfung und Wachstum von Staaten und Unternehmen entscheiden.

Zugang und Sicherung zu diesen Rohstoffen wird sich für viele Nationen zur wichtigen strategischen Frage entwickeln. Nicht zuletzt deshalb wird Ländern wie Russland, China, Indien und auch den USA eine führende Rolle in der Weltwirtschaft der Zukunft vorausgesagt.

Fazit: Die Europäische Union, die kaum Zugang zu diesen strategischen Ressourcen hat, muss sich ihren Zugang durch entsprechende Kooperationen sichern. Zudem sind die Industrienationen innerhalb der EU aufgefordert, ihre hohen technologischen Standards und ihre gute Innovationsfähigkeit zu nutzen. Zum einen um strategisch wichtiges Know-how und hochspezialisierte Produkte zu exportieren, und zum anderen aber auch um in die Gewinnung und Speicherung von erneuerbarer Energie und in Recyclingtechnologien zu investieren.

c. Ökonomisch-technische Megatrends

Globalisierung, Weiterentwicklung der Informations- und Kommunikationstechnologien, Entwicklung zur Wissens- und Innovationsgesellschaft
Zu erwartende Weiterentwicklungen in wichtigen technologischen Bereichen wie z. B. der Mikroelektronik, der Computer- und Satellitennetze und der Telekommunikation werden die Globalisierung zunehmend vorantreiben. Der globale Wettbewerb wird Unternehmen verstärkt vor die Herausforderung stellen, effizient zu wirtschaften. Neben Standardisierungen wird dies auch weiterhin zur Auslagerung von Wertschöpfungsschritten, die hohen Personalaufwand, aber verhältnismäßig wenig Know-how erfordern, in Billiglohnländer mit sich bringen. Umgekehrt werden sich in hochentwickelten Staaten wie Deutschland oder Österreich Regionen herauskristallisieren, die auf bestimmte Bereiche der Wertschöpfungskette spezialisiert sind. Unternehmen werden aus Effizienzgründen versuchen, sich auf ihre Kernkompetenzen zu konzentrieren und all jene Schritte der Wertschöpfungskette regional oder auch organisatorisch auszulagern, die nicht zu diesen Kernkompetenzen zählen.

Auf volkswirtschaftlicher Ebene bedeutet dies für Österreich und Deutschland eine kontinuierlich steigende Bedeutung der Dienstleistungen und damit einhergehend einen sektoralen Strukturwandel. Experten prognostizieren für das Jahr 2030 ein Wachstum für den produzierenden Bereich, das hinter dem gesamtwirtschaftlichen Wachstum liegen wird. Anders ist die Entwicklung im Dienstleistungssektor zu erwarten. Dort wird die Bruttowertschöpfung stärker wachsen als die Gesamtwirtschaft. (Rump 2013)

Outsourcing (Auslagerung von Produktionsschritten oder Dienstleistungen in andere Unternehmen) bzw. Offshoring (Auslagerung von Produktionsschritten oder Dienstleistungen in andere Länder) sind selbstverständlich keine Trends der 2030er-Jahre, allerdings gehen Experten von einer Veränderung der auszulagernden Wertschöpfungsbereiche aus. Während Unternehmen bereits vor der Jahrtausendwende mehr und mehr begannen, lohnintensive Produktionsschritte in Billiglohnländer auszulagern, sind es gegenwärtig und künftig verstärkt Dienstleistungen, die ausgelagert werden. Ob in den nächsten Jahrzehnten damit zu rechnen ist, dass auch Unternehmensfelder wie Forschung & Entwicklung oder Konstruktion ausgelagert werden, darüber scheinen sich Experten uneinig. Ein Erstarken ehemaliger Billiglohnländer mit einem gesteigerten Bildungsniveau, einem etablierten universitären Netz und einem rasch wachsenden Ausbau von Kommunikationstechnologien lässt diese Entwicklung allerdings immer realistischer erscheinen.

Die Bedeutung von Innovationsfähigkeit und Wissen wird demnach zunehmen und insbesondere für Länder wie Deutschland oder Österreich wettbewerbsentscheidend werden. Für Unternehmen werden deren Fähigkeit und Bereitschaft zu Innovationen mehr und mehr zentrale Wettbewerbsfaktoren darstellen. Länder, die Zugang zu diesem Wissen und zu Spitzentechnologien wie zB. Mikrosystem- oder Umwelttechnik oder Biotechnologie haben, werden demnach die Standortfrage für diese Wertschöpfungsbereiche auch weiterhin für sich entscheiden können.

Was für meine Generation noch als Science-Fiction galt, wird im Jahre 2030 Realität sein. In der industriellen Fertigung werden Computersysteme Kontrolle, Steuerung und Planung ganzer Produktionsketten übernehmen und eigenständig Wissen austauschen. Roboter, die ihre physische Umwelt erkennen und eigenständig handeln können, werden nicht nur Fließbandarbeiter ersetzen. Produkte, die mit einem Gedächtnis ausgestattet sind und mit ihrer Umwelt kommunizieren können, werden betriebliche Abläufe revolutionieren. Neue Geschäftsmodelle werden die Folge sein. Dabei werden Standortfragen zunehmend an Bedeutung verlieren, Expertenteams aus aller Welt, vernetzt durch Datenbanken, die Wissen immer und überall zugänglich machen, werden gemeinsam an Projekten arbeiten. In Virtual Collaborative Environments werden menschliche Experten gemeinsam mit Computern, die auf Sprachimpulse reagieren, an Konstruktionen etc. arbeiten. Die intelligente Nutzung der Mensch-Maschine-Schnittstelle wird zunehmend erfolgsentscheidend werden. Die Grenzen zwischen Dienstleistung und produzierendem Gewerbe werden verschwimmen, traditionelle sektorale Einteilungen werden immer weniger anwendbar sein.

Die voranschreitende Digitalisierung wird Unternehmen wesentlich dabei unterstützen, ihre Effizienz zu steigern: Modelle wie „Cloud Computing" bringen Unternehmen nicht nur eine Steigerung ihres Leistungsumfanges (Wissen ist jederzeit und überall abrufbar), sondern auch Kostenvorteile durch verringerte Fixkosten (Kosten für die Bereitstellung und Wartung der IT-Infrastruktur, Kosten für Büroräumlichkeiten, Reisekosten).

Durch die internationale Vernetzung können Anzeichen für Veränderungen im relevanten Umfeld schneller erkannt werden – Unternehmen gewinnen an Zeit und Flexibilität. Firmen, die zudem mit einem professionellen Innovationsmanagement ausgestattet sind, können sich im Sog dieser Entwicklung künftig gut positionieren.

Fazit: Die zunehmende Vernetzung wird neben all den Vorteilen natürlich auch Herausforderungen mit sich bringen. Die Themen Datenschutz und Datensicherheit stehen hierbei an vorderster Stelle. Neben hoher Anfälligkeit und teilweise kaum nachvollziehbaren Abhängigkeiten (Was passiert, wenn ein System zusammenbricht?) birgt die weltweite Vernetzung natürlich auch ein enormes Potenzial für Kriminalität verschiedenster Formen. Eine aktuelle Studie des Center for Strategic and International Studies in Washington geht von einem globalen Schaden von 400 Milliarden US-Dollar im Jahr durch Cyberkriminalität aus (2014). Hochentwickelte Länder wie Deutschland, die Niederlande, die USA oder Norwegen stehen dabei insbesondere im Fokus der Hacker. Mangelnde Investitionen von Staaten und Unternehmen in Cybersecurity, kaum vorhandene internationale rechtliche Grundlagen oder Möglichkeiten, Hacker zu überführen, und damit ein sehr geringes Risiko, dafür aber hohe Ertragsaussichten für Hacker lassen eine Zunahme von Cyberkriminalität erwarten. Die ökonomisch-technischen Megatrends bergen Risiken, aber auch viele neue Chancen. Neue Geschäftsmodelle und Innovationen werden für Firmen eine permanente Herausforderung sein. Ein professionelles Innovationsmanagement wird bei der Entwicklung zur Wissens- und Innovationsgesellschaft einen wichtigen Wettbewerbsvorteil bringen.

Job Future 2030

Die Auswirkungen dieser Entwicklungen auf den Arbeitsmarkt der Zukunft sind vielfältig. Für das Jahr 2030 rechnen Experten generell mit einer zufriedenstellenden Beschäftigungslage für die deutschsprachigen Länder. (Rump 2013) Dies ist mitunter eine Konsequenz einer abnehmenden Zahl von Erwerbstätigen bei gleich bleibender oder gesteigerter Produktivität oder Wertschöpfung der Unternehmen. Obwohl die zunehmende Automatisierung und Digitalisierung viele Berufe redundant werden lässt, ist insgesamt ein positiver Beschäftigungseffekt der technologischen Weiterentwicklung zu erwarten. Studien gehen davon aus, dass 50 Prozent der Berufe, die wir heute in Unternehmen vorfinden, 2025 nicht mehr existieren werden. (CBRE 2014) Allerdings wird der technologische Fortschritt eine Fülle von neuen Aufgaben kreieren. Diese Entwicklung wird insbesondere den MINT (Mathematik, Informatik, Naturwissenschaften und Technik) Fachkräften zugutekommen. Darüber hinaus wird mit einem zunehmenden Bedarf an Arbeitskräften in haushalts- oder personenbezogenen Dienstleistungen (z. B. Sozial- und Gesundheitswirtschaft) gerechnet.

Generell prognostizieren Experten eine Zweiteilung des Arbeitsmarktes. Während sich die Arbeitsmarktperspektiven für Hoch- und Gutqualifzierte durch die große Nachfrage nach spezialisierten Fachkräften in Kombination mit der sinkenden Zahl von Erwerbstätigen vielversprechend entwickeln wird, ist davon auszugehen, dass die Entwicklungen für Geringqualifizierte ungünstig verlaufen werden. Wie bereits dargestellt werden im Jahr 2030 viele Routinearbeiten oder Jobs mit einem geringen Bedarf an spezialisiertem Know-how oder besonderen Fertigkeiten bereits durch Maschinen ersetzt worden sein. Das Angebot an Jobs für Geringqualifizierte wird demnach drastisch sinken. (Rump 2013)

Der steigende Wettbewerbs- und Anpassungsdruck, dem Unternehmen in den kommenden Jahrzehnten vermehrt ausgesetzt sein werden, wird Projektarbeit zunehmend attraktiv machen. Wissen und Fähigkeiten werden punktuell, in Projekten nachgefragt werden. Vertragsarbeit wird immer häufiger ein fixes Anstellungsverhältnis ablösen. Eine Studie von Ernst & Young über die Zukunft der Arbeit geht davon aus, dass künftig Vertragsarbeiter wichtiger als Vollzeitbeschäftigte sein werden (2013).

Für Arbeitnehmer bringt diese Entwicklung Vor- und Nachteile. Einerseits kann projektbezogenes Arbeiten in internationalen Expertenteams spannendes, ergebnisorientiertes Arbeiten, Weiterentwicklung und Lernen in einem ambitionierten Team sowie gute Entlohnung mit sich bringen. Zudem wird projektbezogenes Arbeiten auch immer häufiger bei teilweise freier Zeiteinteilung und im Homeoffice möglich sein. Andererseits können kurzfristige Vertragsarbeiten dem Bedürfnis nach Sicherheit und Beständigkeit kaum gerecht werden. Soziale Absicherung,

Betreuungszeiten oder sonstige Auszeiten sind für Unternehmen, die vorwiegend projektorientiert arbeiten, kontraproduktiv und nicht Bestandteil ihrer Strategie. Auch hinsichtlich dieser Entwicklung zeigt sich der generelle Trend der Entwicklung des Arbeitsmarktes: Der hoch- oder gutqualifizierte, flexible, gesunde und leistungsbereite Arbeitnehmer wird eine Fülle von interessanten Möglichkeiten vorfinden. Jene Arbeitnehmer, denen es aus diversen Gründen nicht möglich ist, mit dieser Flexibilität und Dynamik mitzuhalten, werden es schwer haben.

Hoch- und Gutqualifzierte wie Kalil, der IT-Security-Experte aus dem Beispiel zu Beginn dieses Kapitels, werden im Jahre 2030 einen dynamischen, anspruchsvollen, aber durchaus interessanten Arbeitsmarkt vorfinden.

▶ Neben der fachlichen Qualifikation werden persönliche und soziale Skills entscheidenden Einfluss darauf haben, wie junge Arbeitnehmer die Dynamik der Arbeitswelt 2030 bewältigen.

Unternehmen suchen mündige Arbeitnehmer, die selbstverantwortlich, begeistert, kompetent und auf fachlich hohem Niveau arbeiten können. Sie wollen Mitarbeiter, die authentisch und selbstbewusst auftreten, entscheidungswillig und in der Lage sind, sich in einem Team zu integrieren oder gegebenenfalls ein solches zu führen.

Das sind hohe Anforderungen an junge Menschen, denen sie durch eine gute Ausbildung und internationale Praktika allein nicht gerecht werden können. Es bedarf der bewussten Entwicklung und Weiterentwicklung ihrer Persönlichkeit. Persönlichkeitsentwicklung beginnt mit der Suche nach persönlichen Stärken und Schwächen, um auch in seiner Berufswahl seinen Neigungen und Leidenschaften nachgehen zu können. Darüber hinaus bedarf es der Kenntnis der eigenen Persönlichkeit mit all ihren Mustern und Tücken, um überhaupt soziale Kompetenz erlangen zu können. Erreichte Selbstkompetenz wird zum Erfolgsmerkmal gelebter Individualität von Ypsilonern, und soziale Kompetenz wird trotz verstärkter Individualisierung von Gesellschaft und Arbeitswelt verstärkt zum Key Skill für junge Arbeitnehmer. Unternehmen fordern sofort einsetzbare, teamfähige Arbeitskräfte, die in der Lage sind, in unterschiedlichsten Teams Höchstleistungen zu bringen.

Fazit: Employability im Jahre 2030 wird demnach mehr ausmachen als eine gute Fachausbildung oder ein abgeschlossenes Masterstudium in einem MINT-Bereich. Persönliche und soziale Skills werden den Arbeitnehmern nicht nur helfen, ihre Attraktivität zu erhöhen, sondern ihnen auch Unterstützung sein, um in der dynamischen und von hohem Leistungsdruck geprägten Arbeitswelt 2030 überleben zu können.

Literatur

Acs, G., & Zimmermann, S. (2008). *Economic mobility, from 1984 to 2004*. Washington: Pew Charitable Trust.

Bain & Company (Hrsg.). (2014). Everyday moments of truth. Frontline managers are key to women's career aspirations. Zugegriffen am 02.01.2016. http://www.bain.de/Images/BAIN_REPORT_Everyday_moments_of_truth.pdf.

Bea, F. X., & Göbel, E. (2002). *Organisation* (2. Aufl.). Stuttgart: Lucius & Lucius.

CBRE Ltd (Hrsg.). (2014). Fast forward 2030. Zugegriffen am 17.11.2015. http://www.cbre.com/research-and-reports/future-of-work.

Center for Strategic and International Studies. (2014). Net losses. Estimating the global cost of cybercrime. Economic impact of cyber crime II. Zugegriffen am 17.11.15, http://csis.org/files/attachments/140609_rp_economic_impact_cybercrime_report.pdf.

Claus, U. (2014). Cybercrime schadet Deutschland am stärksten. *Die Welt*, 09.06.2014. Zugegriffen am 17.11.2015. http://www.welt.de/politik/deutschland/article128845865/Cybercrime-schadet-Deutschland-am-staerksten.html.

dpa. (2010). Mehr seelische Erkrankungen durch Stress am Arbeitsplatz. *Zeit online* 23.03.2010. Zugegriffen am 31.12.2015. http://www.zeit.de/karriere/beruf/2010-03/arbeitswelt-krankheit-fehlzeiten.

Eichhorst, W. (2015). Der Wandel der Erwerbsformen in Deutschland. *IZA Standpunkte*, Nr. 78, 2015. Zugegriffen am 17.12.2015. http://ftp.iza.org/sp78.pdf.

Ernst & Young (Hrsg.). (2013). Work no longer business as usual: A look at the future of our working world. Zugegriffen am 17.11.2015. http://www.i-faz.de/2014/05/30/12-lesenswerte-studien-zum-thema-arbeit-der-zukunft/.

Hübner, R. (2015). Die deutsche Projektwirtschaft stellt sich vor. In: GPM Blog. Der Blog zum Projektmanagement. Zugegriffen am 17.12.2015. http://gpm-blog.de/die-deutsche-projektwirtschaft-stellt-sich-vor/.

KPMG AG (Hrsg.). (2009). Konfliktkostenstudie. Die Kosten von Reibungsverlusten in Industrieunternehmen. Zugegriffen am 02.01.2016. http://seventools.at/wp-content/uploads/2014/12/KPMG_Konfliktkostenstudie.pdf.

Pressetext Austria. (1999). Neuseeland offenbar ohne Probleme ins Jahr 2000. Zugegriffen am 17.12.2015. http://www.pressetext.com/news/19991231016.

REN21 (Hrsg.). (2015). Renewables. Global status report 2015. Zugegriffen am 07.01.2016. http://www.ren21.net/Portals/0/documents/Resources/GSR/2015/GSR2014_KeyFindings_low%20res.pdf.

Rump, J., & Walter, N. (Hrsg.). (2013). *Arbeitswelt 2030. Trends, Prognosen, Gestaltungsmöglichkeiten*. Stuttgart: Schäffer-Poeschl Verlag.

Statista. (2016). Entwicklung der weltweiten Investitionen in Erneuerbare Energien in den Jahren 2004 bis 2014. Zugegriffen am 07.01.2016. http://de.statista.com/statistik/daten/studie/180528/umfrage/entwicklung-der-investitionen-in-erneuerbare-energien-weltwei/.

Stiftung produktive Schweiz (Hrsg.). (2010). Die Zukunft der Arbeit. Ein Trendreport. Zugegriffen am 14.12.2015. http://www.produktive-schweiz.ch/ProduktiveSchweiz/media/ProduktiveSchweiz/Docs%20de/die-neue-arbeitswelt.pdf.

Türk, K. (1989). *Neuere Entwicklungen in der Organisationsforschung*. Stuttgart: Thieme.

Youthonimics. (2015). Global index 2015. Putting the youth on top of the global agenda. Zugegriffen am 17.12.2015. http://www.youthonomics.com/youthonomics-index/.

Key Skills für eine erfüllte Karriere

3

In den vorigen Kapiteln wurde die Erwartungshaltung eurer Generation an die Arbeitswelt beleuchtet und den gegenwärtigen und zukünftigen Entwicklungen der Arbeitswelt gegenübergestellt. Dabei konnte glücklicherweise festgestellt werden, dass eure Generation für die Arbeitswelt von morgen sehr gut gewappnet scheint. Mehr noch, es wird euch sogar ein gewisses Gestaltungspotenzial eingeräumt.

Ich teile diese Meinung prinzipiell, sehe aber auch einen gewissen Bedarf an Anpassung und Weiterentwicklung eurerseits. So positiv sich der Arbeitsmarkt für eure Generation entwickeln möge und so wertvoll sich eure gute Ausbildung und eure Souveränität auf dem internationalen Parkett erweisen wird, so wird auch eure Generation nicht ganz davon verschont bleiben, sich auf die Entwicklungen und Anforderungen des Arbeitsmarkts der Zukunft einzustellen.

In diesem Kapitel beschreibe ich eine Reihe von Key Skills, die meiner Meinung nach notwendig sein werden, um den Arbeitsmarkt der Zukunft bestmöglich für sich nutzen zu können. Dabei spanne ich den Bogen von den persönlichen Skills über die sozialen Skills bis hin zu den Management Skills. Ihr werdet möglicherweise überrascht feststellen, dass ich Letzteren am wenigsten Gewicht beimesse. Ich persönlich bin der Meinung, dass eure Generation in diesem Bereich schon sehr gut aufgestellt ist. Darüber hinaus handelt es sich dabei um jene Fähigkeiten, die am schnellsten erlernt werden können. Soziale und insbesondere persönliche Skills hingegen sind Fähigkeiten, bei denen nur über den Verlauf der Jahre Weiterentwicklungen möglich sind. Diese Fähigkeiten aufzubauen, wird euch euer ganzes Leben begleiten – sowohl im beruflichen als auch im privaten Kontext.

© Springer Fachmedien Wiesbaden 2016
T. Würzburger, *Key Skills für die Generation Y*,
DOI 10.1007/978-3-658-12738-1_3

Dieses Kapitel beinhaltet viele meiner persönlichen Erfahrungen, die mir die Augen geöffnet haben und entscheidend zu meiner Weiterentwicklung beigetragen haben. Es ist mir ein persönliches Anliegen, euch diese Erfahrungen weiterzugeben. Ich hoffe sehr, dass sie auch für euch hilfreich sein werden. Darüber hinaus ist in dieses Kapitel ein großer Anteil meines Wissens und meiner Erfahrungen aus meiner Arbeit mit zahlreichen Vertretern eurer Generation eingeflossen. Ich habe viele Ypsiloner auf dem Weg zur jungen Führungskraft begleitet und sie dabei in unterschiedlichsten Themen aus dem Bereich persönliche und soziale Skills weiterentwickelt und in den hardskills im Projektmanagement geschult. Die für mich wichtigsten Inhalte sind in diesem Kapitel zusammengefasst.

3.1　Persönliche Skills

Als „geföhnte Kens und Barbies im Business Outfit" bezeichnete Thomas Sattelberger, Ex-Vorstand der deutschen Telekom und einer der Vordenker der Personaler-Szene, die vermeintlichen High Potentials der jungen Generation in einem Interview. Sie würden „ihre Einzigartigkeit für Geld und Karriere opfern", so Sattelberger weiter und nur mehr auf ökonomische Effizienz anstatt Innovation getrimmt sein. (Lambrecht 2013)

Was Thomas Sattelberger hier anspricht, ist ein wiederholt gehörter Vorwurf an junge Generationen. Die scheinbar vorhandene Notwendigkeit der Selbstoptimierung im Sinne von noch einem Praktikum, noch einer weiteren Fremdsprache oder vielleicht doch noch einem Auslandsjahr lässt womöglich vielen von euch weder die Zeit noch die Gelassenheit, einfach in Ruhe erwachsen zu werden. Leidet eure Persönlichkeitsentwicklung unter dem Drang, eure Ausbildung stetig voranzutreiben? Hätten euch ein paar Lebenserfahrungen besser getan als die einen oder anderen Zeugnisse?

Für mich steht fest – und das betrifft natürlich nicht nur eure Generation: Das Arbeiten an sich selbst macht sich bezahlt!

▶　　Wenn ihr euch früh genug zu jungen Persönlichkeiten entwickelt und in eurem Handeln und Arbeiten stimmig seid, so werdet ihr als authentisch wahrgenommen werden. Wirkt ihr selbstkompetent, werdet ihr bei euren Vorgesetzten und Kollegen Vertrauen erwecken, verantwortungsvolle Aufgaben erhalten und als potenzielle Kandidaten für Führungspositionen gehandelt werden.

Auch Tanja, die Unternehmerin aus dem ersten Kapitel, bestätigte dies in unserem Interview. Auf die Frage, was sie jungen Arbeitnehmern mitgeben möchte, antwortete sie: „Investiert in eure Persönlichkeitsentwicklung, habt Vertrauen in eure Talente und sucht eure Talente, denn das, was ihr gut könnt, macht ihr gerne!" (Roos 2015)

Meine Erfahrungen haben gezeigt, dass erreichte Authentizität Grundvoraussetzung für ein erfülltes Berufsleben ist. Der begeisterte Pädagoge wird als Investment Banker langfristig nicht glücklich werden, auch wenn der Life Style und das Einkommen dieser Berufsgruppe noch so reizvoll scheinen. Genauso unglücklich wird der technische Zeichner irgendwann enden, der sich eigentlich viel lieber mit Menschen als mit Plänen, Geometrie und Statik beschäftigen würde.

Erreichte Authentizität bedeutet selbst erlebte Kompetenz. Sie ist Kompetenz, die von anderen wahrgenommen wird und ein in sich stimmiges Selbstbewusstsein ausstrahlt.

▶ Es zahlt sich also aus, sich die Zeit zu nehmen, um darüber nachzudenken, wo persönliche Neigungen und Interessen liegen. Ebenso gewinnbringend ist es, sich selbst einschätzen zu lernen.

Kennt ihr eure eigenen Stärken wie eure Schwächen, könnt ihr lernen, intelligent und kontrolliert zu handeln und zu kommunizieren, anstatt hitzköpfig alles hinzuschmeißen oder unnötig Beziehungen zu belasten.

Bewusste Persönlichkeitsentwicklung ist natürlich keine Idee unserer Zeit. „Erkenne dich selbst" galt bereits im antiken Griechenland als Weisheit.[1] Trotzdem war dieser Leitspruch wohl niemals zuvor aktueller als in unseren gegenwärtigen Zeiten. Noch in meiner Kindheit, aber insbesondere in der meiner Eltern waren moralische Prinzipien oder Grundhaltungen von Kirche oder Gesellschaft geprägt. Für meine Eltern war es nicht notwendig, sich Gedanken über die Gestaltung ihres Lebensweges, ihren Kinderwunsch etc. zu machen. Die Gesellschaft bot ein Ideal, das von den meisten verfolgt wurde. Mein Vater wurde als kleines Kind von der Volksschulleitung seiner Heimatstadt in Oberösterreich auserkoren, Priester zu werden. Seine Entscheidung als 20-Jähriger, aus dem Priesterseminar auszuscheiden, galt als massives Fehlverhalten und war gleichsam ein Tabubruch in seiner Familie.

Euer Aufwachsen war geprägt von den Möglichkeiten der Wohlstandsgesellschaft und den Freiheiten einer liberaleren Gesellschaft. Jene Leitgedanken, die sich Kirchen und andere Instanzen für Generationen vor uns gemacht hatten, darf sich eure Generation selbst machen. Das ist ein riesiges Privileg eurer Zeit. Es kann aber auch vieles erschweren. Orientierung ist nicht zuletzt deshalb ein wesentliches Bedürfnis junger Menschen. Halt und Orientierung zu finden, ist ungemein

---

[1] Gnothi seauton, „Erkenne dich selbst!" Inschrift am Apollotempel von Delphi

schwierig, insbesondre dann, wenn Instanzen fehlen, die die Sicherheit vermitteln, das (vermeintlich) Richtige zu tun.

Euch stehen viele Türen offen und ihr könnt unter vielen Optionen wählen. Zu euren Wahlfreiheiten gesellt sich aber auch Verantwortung für euer Tun und Denken in unserer Gesellschaft.

Persönlichkeitsentwicklung ist natürlich keine Aufgabe, die in Jugendjahren zu erledigen ist. Sie ist nicht wie ein Praktikum, das es in absehbarer Zeit zu absolvieren gilt und das man mit einem Zeugnis nachweisen kann. Es ist eine Lebensaufgabe, die in jungen Jahren begonnen werden soll. Denn: Selbstkompetenz ist sichtbar! Sie bringt Selbstsicherheit, Authentizität und Zufriedenheit.

Selbstkompetenz ist auch Voraussetzung für zwei weitere wesentliche Fähigkeiten, die ich in diesem Kapitel beschreiben werde: Entscheidungskompetenz und Durchhaltevermögen. Kluge Entscheidungen kann ich dann treffen, wenn ich mit mir selbst im Einklang bin und weiß, was mir gut und weniger gut tut. Selbstkompetenz hilft mir auch, Entscheidungen wohlüberlegt zu treffen und mich nicht immer den ersten Impulsen hinzugeben.

Durchhaltevermögen ist zumindest für Personaler ein Thema wie kaum jemals zuvor. Andrea war jahrelang zuständig für das Recruiting in einem internationalen Konzern und ist heute Head of HR bei einer der größten österreichischen Brauereien. Sie bezeichnet Durchhaltevermögen als einen jener Key Skills, den erfolgreiche Arbeitnehmer in Zukunft unbedingt brauchen werden. (Auer 2015) Dass Durchhaltevermögen einfacher sein kann, wenn das Bewusstsein bezüglich der persönlichen Neigungen vorhanden ist, ist nachvollziehbar. So ist auch einfacher durchzuhalten, wenn man das tut, was man gerne und gut macht. Dies alleine reicht aber nicht. Was es darüber hinaus noch braucht, werde ich am Ende des Kapitels näher erläutern.

▶   Vorerst aber sind auf dem Weg zur Selbstkompetenz drei fundamentale
      Fragen zu klären:
      • Was macht ihr gerne? (Intrinsische Motivation)
      • Wo liegen eure Stärken und Schwächen? (Selbsterkenntnis)
      • Hört ihr auf eure inneren Signale? (Selbstkontrolle)

Über Selbstkompetenz zur Authentizität

a. *Intrinsische Motivation oder was macht ihr gerne?*
„Jetzt spinnt er wieder", kommentierten meine Eltern das Verhalten meines Bruders, wenn laute klassische Musik tage- und nächtelang durch das Haus schallte und die Tür zum Zimmer meines Bruders verschlossen blieb. In dieser Zeit schien er aus der Realität auszusteigen, er war kaum zu einem normalen Dialog

fähig, seine Umwelt, Tageszeiten, Bedürfnisse wie Hunger, Durst oder Schlaf schien er nicht wahrzunehmen. In diesen Zeiten gab es für Wolfram nur seine Vision, den Pinsel und die Leinwand. Getrieben von seiner Idee, seiner Leidenschaft und der Herausforderung, dieses Werk zu schaffen, malte er tage- und nächtelang. Für einen Außenstehenden und wenig kunstaffinen Menschen war der Fortschritt oftmals kaum erkennbar – hier noch eine Schraffur, da noch ein Schatten … für Wolfram waren es essenzielle Schritte auf dem Weg zu seinem perfekten Bild. Dass in dem Jungen mehr steckte als Spinnerei, bewiesen seine Erfolge schon in sehr jungen Jahren. So gewann er zum Beispiel nach einer dieser Auszeiten einen internationalen Schülerwettbewerb.

Was meinen Bruder in diesen Zeiten antrieb, war intrinsische Motivation. Wolfram verzichtete nicht auf Schlaf, Essen und Ruhe, weil er unbedingt einen Preis gewinnen wollte. Für ihn ging es einzig und allein darum, seine Idee zu realisieren und die Herausforderung zu bestehen, das perfekte Bild zu schaffen. Kein Preis der Welt hätte ihn mehr anspornen können.

Spaß, Interesse, Herausforderung und Leidenschaft sind wichtige Bestandteile intrinsischer Motivation. Die Freude am Tun sehe ich dabei als Schlüsselfaktor. Ohne Spaß und Freude können derartige Höchstleistungen vielleicht einmal, zweimal erreicht werden. Das Feuer reicht allerdings definitiv nicht für eine ganze Karriere.

Daniel Goleman, international anerkannter Psychologe und Autor der „New York Times", sieht Motivation als unabdingbares Merkmal einer Führungspersönlichkeit. „Die Eigenschaft, die praktisch alle erfolgreichen Führer haben, ist Motivation", schreibt Goleman. Für viele von diesen großen Führungspersönlichkeiten sind Belohnungen wie Geld, Macht, Status der Antrieb. Viele von ihnen scheiterten an diesen Dingen, weil sie noch mehr Geld, die ganze Welt regieren oder in die Geschichte eingehen wollen. „Personen mit echten Führungsqualitäten treibt dagegen", so schreibt Goleman weiter, „der tiefverwurzelte Wunsch an, etwas um der Leistung willen zu tun." „Leisten" ist das Schlüsselwort. Nicht „Haben". (Goleman 2004)

Ihr jungen Leute der Generation Y seid ja diesbezüglich auf einem sehr guten Weg. Mit Freude stelle ich immer wieder fest, dass ihr nicht die Fehler eurer Elterngeneration wiederholt. Viele von euch wählen die Arbeit nicht mehr danach aus, ob sie als „ordentlich" (ein Handwerk wurde als etwas „Ordentliches" erachtet, wozu Geisteswissenschaften gut sein sollen, fragen sich viele in meiner Generation hingegen noch immer) oder „gut bezahlt" bewertet wird, weil sie sich in der jeweiligen örtlichen Umgebung ausüben lässt oder weil sie Vater, Großvater und Onkel auch schon gemacht haben. Für meine Generation war die Berufswahl nach Neigung oder Interesse noch keine Selbstverständlichkeit. Mein Bruder, der Maler aus obigem Beispiel, studierte Rechtswissenschaften. Mit der Überzeugung, dass „Zeichnen etwas für die Freizeit wäre", hofften meine Eltern mit bestem Wissen und Gewissen, dass er eine ordentliche Ausbildung finden werde. Ein Studium der Rechtswissenschaften schien eine gute Lösung, denn Juristen würden immer gebraucht werden. Der kreative Genius meines Bruders mühte sich so durch ein trockenes, analytisches Studium. Dank seiner Intelligenz und Wissbegier machte er Karriere als Jurist. Irgendwann allerdings, Jahre nach Abschluss seines Studiums, wehrte sich sein Naturell gegen dieses Korsett. Nach einer harten Zeit der Selbstfindung und des Umbruchs arbeitet mein Bruder nun als enorm schaffensreicher Kunstmaler.

Auf die Arbeit bezogen bedeutet intrinsische Motivation also, dass ihr eure Arbeit gerne ausüben solltet. Wenn ihr euch mit eurer Tätigkeit gerne auseinandersetzt, wenn ihr euch gerne mit eurer Thematik beschäftigt, dann erkennt ihr intuitiv, dass ihr das Richtige macht. Hier kann es sich um alles handeln: Seid ihr technikaffine Menschen, die sich mit Maschinenbau oder mit technisch anspruchsvollen Produktentwicklungen beschäftigen? Oder habt ihr ein ausgeprägtes Verständnis für Mathematik und Zahlen? Oder liegen eure Stärken im sozialen Bereich, seid ihr die Klagemauer und der soziale Dreh- und Angelpunkt eurer Freunde?

▶   Entscheidend sind die Tätigkeiten. Für diese sollte euer Feuer brennen.
     Von viel geringerer Bedeutung sind der Berufsweg und die Karriere, die
     ihr gerne einschlagen möchtet.

Arbeitet ihr grundsätzlich aus einem inneren Antrieb heraus, so werden der daraus resultierende Beruf und die Karriere zum individuellen Erfolg führen.

Ist diese intrinsische Motivation vorhanden, wird sich der positive Zustand selbst erhalten und fortlaufend fließen durch den inneren Antrieb. So positiv sich intrinsische Motivation auf euer Berufsleben auswirken kann, wäre es doch naiv zu behaupten, dass sie davor bewahren würde, Rückschläge oder Scheitern zu erleben. Natürlich nicht! Um die Frustration und Enttäuschung aus negativen Ereignissen zu überwinden, bedarf es – neben der Resilienz, die wir später näher betrachten werden – noch zwei weiterer Komponenten: Selbstkontrolle und Selbsterkenntnis.

b. *Selbsterkenntnis oder wer bin ich?*
Der renommierte deutsche Hirnforscher Gerhard Roth erklärte in einem Interview, dass nur etwa 0,1 Prozent dessen, was das Hirn gerade tue, bewusst werde. Der Rest passiere unbewusst. Wir würden demnach nur in den seltensten Fällen erfahren, was unser Hirn gerade vorhat und wie es uns beeinflusst. Roth ging sogar so weit, dass er in seinem 2003 veröffentlichten Buch „Fühlen, Denken und Handeln"

den Menschen den freien Willen absprach. Es würde sich dabei um eine gelungene Illusion handeln, die das Gehirn seinen Besitzern vorgaukle, so Roth. (Precht 2009) Wenn wir Roth Glauben schenken, so handeln wir größtenteils automatisiert oder zumindest unbewusst. Das wirft natürlich die Frage auf, was unser Verstand eigentlich noch zu tun hat? Wer bin ICH dann eigentlich? Ein Produkt aus Affekten und Konditionierungen? Gibt es überhaupt ein ICH? Bei dieser Frage runzeln viele Philosophen die Stirn, andere beziehen sich auf Freud, Mach oder Descartes.[2] Die Antwort der Hirnforscher ist meist eindeutiger: Das Ich sei nichts, das man wissenschaftlich ergründen oder nachweisen könne. O.k., aber was suchen wir dann auf unserem Weg zur Selbsterkenntnis?

Unser Handeln wird durch unterschiedliche Faktoren bestimmt. Zuallererst sind es unsere Bedürfnisse, Affekte und unser Temperament, die uns in bestimmten Situationen in einer bestimmten Art und Weise handeln lassen. Dafür zuständig ist jener Teil unseres Gehirns, der auch alle elementaren Körperfunktionen kontrolliert – die untere limbische Ebene. Antriebe und Affektzustände, die von dort ausgehen, sind ein Resultat unserer Stammesgeschichte und durch Erfahrung und Kontrolle kaum beeinflussbar.

Der zweite wesentliche Faktor ist die frühkindliche, emotionale Konditionierung. Erfahrungen im Mutterleib, die intensive Mutter-Kind-Beziehung und alle weiteren Erfahrungen mit Bezugspersonen im frühkindlichen Alter sind prägend für unser späteres Handeln. Zu guter Letzt ist es die spätere soziale Konditionierung, also jene Erfahrungen mit anderen Menschen, die wir im Laufe unseres Lebens machen. Der Verstand alleine hingegen bewegt wenig. In Wirklichkeit gibt es ihn isoliert betrachtet überhaupt nicht.

Wir erkennen also, dass unser Handeln nie ausschließlich rational bestimmt wird, sondern von unseren Erfahrungen gelenkt wird und gewissen Mustern unterliegt. Muster, die sich aus der Summe unseres evolutionären Erbes, unserer frühkindlichen und späteren sozialen Erfahrungen ergeben. Diese Muster gilt es zu erkennen. Sie sind es, die uns in ähnlichen Situationen ähnlich handeln lassen, sie lassen uns einerseits wiederholt die gleichen klugen Handlungen und andererseits auch Fehler machen. Diese Muster zu erkennen (realistischerweise einen Teil davon) – das ist für mich Selbsterkenntnis.

Gehöre ich zwar der Generation X an und habe euch deshalb ein paar Jahre Lebenserfahrung voraus, bin ich selbstverständlich noch immer auf meinem langen

---

[2] Sigmund Freud (1856 – 1939), österreichischer Neurologe, Begründer der Psychoanalyse; Ernst Mach (1838 – 1916), österreichischer Physiker und Philosoph, René Descartes (1596 – 1650), französischer Philosoph

Weg zur Selbsterkenntnis. Ein Erlebnis, das mir die Augen geöffnet hat, möchte ich nachfolgend schildern:

Ich war immer schon in einer führenden Rolle. Ich war schon als Kleinkind in der Sandkiste der Chef. Ein Wechselspiel aus persönlichem Verhalten und den Reaktionen der anderen brachte mich wohl in diese Rolle. Ich war körperlich einigen Kindern überlegen – wenngleich auch nicht sonderlich groß. Als Letztgeborenes von vier Kindern lernte ich, mich von Beginn an zu behaupten. Entsprechend dürfte ich mich auch in der Sandkiste verhalten haben – ich baute die erste Sandgarage und war stärker und schneller als die anderen. Meine Spielkameraden nahmen mich auch so wahr und akzeptierten mich in der Rolle des Chefs. Ich wiederum reagierte auf deren Erwartungshaltung, indem ich die Rolle annahm.

Die Dynamik in der Sandkiste wiederholte sich während meiner Schulzeit. Ich war zwar nie unter den Klassenbesten, dafür war ich beim Fußballspielen der Mannschaftsführer, später Klassensprecher, Schulsprecher, Studentenvertreter. Ich sah es als meine Aufgabe, die Interessen der anderen konsequent zu vertreten, selbst wenn mich dies in Konflikt mit Lehrern, Erziehungspersonal, Eltern oder Professoren brachte. Davor scheute ich nie zurück – im Gegenteil, es gab mir das Gefühl, meiner Rolle besonders zu entsprechen.

Meine berufliche Karriere startete ich als Vorstandsassistent, später war ich Relationship Manager und schließlich Geschäftsführer. Obwohl Jahre vergangen waren, war meine Rolle die gleiche geblieben. Ich arbeitete gerne mit anderen zusammen, vor allem wenn ich führende Funktionen ausüben durfte – legte mich aber immer gerne mit hierarchisch Vorgesetzten an und geriet immer wieder in Konflikte. Mit meiner direkten, offenen und häufig zu provokanten Art stieg ich dabei vielen Vorgesetzten auf den Schlips – zu meinem Nachteil, wie ich immer wieder erkennen musste. In hierarchisch organisierten Unternehmen war natürlich ich derjenige, der den Kürzeren zog. So scheiterte ich immer wieder an ähnlichen Situationen und verließ Positionen und Unternehmen nicht selten in Konflikt mit meinen ehemals Vorgesetzten.

Diese Dynamik wiederholte sich so lange, bis ich selbst den Punkt erreichte, mir die Frage zu stellen, ob es nun ich war, der ein Problem hatte, oder ob es an den Chefs in Österreich und Deutschland lag. Ich begann in Bayern ein Coaching.

Mein damaliger Coach, ein erfahrener Mann, stellte sofort die richtigen Fragen. Er fragte mich nach meiner Kindheit. Meine erste Reaktion war abweisend – aufgewachsen in einer behüteten, traditionellen Familie sah ich keinen Anlass, dort nach allfälligen Gründen zu suchen. Er ließ aber nicht locker und fragte mich schließlich, ob mein Vater nach dem Grundsatz lebe „Viel Feind, viel Ehr"? „Viel Feind, viel Ehr" ist ein deutsch-österreichisches Sprichwort, das die Möglichkeit beschreibt, angesichts eines vermeintlich überlegenen Feindes auch viel Ehre erlangen zu können. Im Falle meines Vaters beschrieb es sein Verhalten, keine Konfrontation zu scheuen, wenn es darum ging, für seine Werte oder Überzeugungen einzustehen. Mein Vater war ein angesehener Mann, beruflich erfolgreich und hatte viele Befürworter – wie auch viele Widersacher. Ich lebte nach diesem mir vorgelebten Prinzip! Ich bewunderte bereits als kleiner Junge das mutige und selbstbewusste Auftreten meines Vaters. Er trat für seine Überzeugung ein – egal wo und vor wem. Ich hatte dieses Verhalten tatsächlich als Leitprinzip unbewusst internalisiert!

Mithilfe meines Coaches hatte ich dieses Muster erkannt. Ich war danach in der Lage, mein eigenes Verhalten in gewisser Weise zu antizipieren und bewusst gegenzusteuern. Mein berufliches Leben wurde um vieles leichter! Ich erkannte, dass Personen, die mir hierarchisch höhergestellt sind, ihre Position auch schützen müssen. Ein Verhalten, wie ich es lange praktiziert hatte, bedeutete Angriff. Ich lernte, die Bedürfnisse meiner Vorgesetzten zu erkennen, zu respektieren und sie nicht zu verletzen.

Von Zeit zu Zeit frage ich mich, wie meine berufliche Laufbahn verlaufen wäre, hätte ich dieses Muster in meinem Verhalten nicht erkannt. Bestimmt hätte ich mir noch weitere Gegner gemacht, hätte viel Energie in unnötige Konflikte verschwendet und mich weder beruflich noch persönlich weiterentwickelt.

Manches Mal wünsche ich mir, ich hätte schon viel früher in jungen Jahren dieses Muster in mir erkannt. Was hätte ich mir an Energien, Konflikten und Ärger erspart?

Für mich steht fest, dass ich ohne die Hilfe anderer – in meinem Falle der Hilfe meines Coaches – nie zu dieser Erkenntnis gekommen wäre. Aus diesem Grund fordere ich euch auf: **Seid offen für das Feedback anderer und versucht es mit Demut anzunehmen!** Wie eingangs erwähnt, läuft nur ein winziger Bestandteil unseres Handelns bewusst ab. Der größere Teil wird unbewusst gesteuert. Häufig sind wir nicht in der Lage, unsere Muster selbst zu erkennen. Wir sind angewiesen auf das Feedback anderer oder die gezielten Fragen eines Coaches, der so unsere individuelle Selbstreflexionsfähigkeit bis hin zur erweiterten Selbsterkenntnis fördern kann.

Hat man nun eines seiner Muster erkannt, ist es in einem nächsten Schritt natürlich wichtig, es anzuerkennen und die Bereitschaft zu entwickeln, sein Verhalten ändern zu wollen. Keine einfache Sache! Junge Generationen sind sehr gut darin, sich selbst zu inszenieren. Privat inszeniert ihr euer Leben auf Facebook, Instagram und Twitter. Ihr seid trainiert, euch zu positionieren – persönliche Schattenseiten haben da wenig zu suchen. Trotzdem sind sie vorhanden, in jedem von uns. Sie zu akzeptieren bewahrt euch davor, auf die Nase zu fallen, und hilft euch, berufliche und private Erfüllung zu finden. Seid ihr euch eurer Schattenseiten bewusst, wisst ihr, welche Situationen ihr umgehen müsst, um negative Erlebnisse zu vermeiden, und könnt eure Energie voll und ganz in Bereichen einsetzen, in denen ihr gut seid.

Es geht also nicht darum, ein moralisch „besserer Mensch" zu werden. Von Selbsterkenntnis profitiert ihr vor allem selbst. Zu diesem Schluss kam auch Daniel Goleman, der bereits genannte Harvard-Professor, der einen unbedingten Zusammenhang zwischen Erfolg und der Fähigkeit, mit seinen Gefühlen umzugehen, sieht: „Wer die eigenen Gefühle nicht zu erkennen vermag, ist ihnen ausgeliefert. Wer sich seiner Gefühle sicherer ist, kommt besser durchs Leben, erfasst klarer, was er über persönliche Entscheidungen wirklich denkt, von der Wahl des Ehepartners bis zur Berufswahl." Goleman nennt das Verständnis für seine eigenen Gefühle und jener seiner Mitmenschen sowie die Fähigkeit, seine eigenen Gefühle entsprechend zu handhaben, das heißt in den jeweiligen Situationen angemessen zu reagieren, „Emotionale Intelligenz". (Goleman 2002) Was nötig ist, um seine Gefühle zu kennen, ihnen aber nicht schutzlos ausgeliefert zu sein, verrät das nächste Kapitel.

c. *Selbstkontrolle/Ich-Steuerung oder wie beherrsche ich meine Gefühle?*
Lasst uns nicht vergessen, liebe Leser, wir sind auf dem Weg zur Selbstkompetenz! Sie verspricht uns Selbstsicherheit, Authentizität, Zufriedenheit und letzten Endes Erfolg. Dabei haben wir bis jetzt erkannt, dass es dafür notwendig ist, einen intensiven Blick auf unsere Persönlichkeit zu werfen: Welches sind die Muster oder Emotionen, die uns zu bestimmten Handlungen oder Reaktionen veranlassen? Was können wir gut? Wo liegen unsere Schwächen?

Drei einfache Fragen, die zu beantworten es wohl ein ganzes Leben braucht. Dieses Kapitel handelt von der Notwendigkeit, seine Emotionen in Schach zu halten, ihnen nicht ausgeliefert zu sein. Es geht um Selbstkontrolle. Selbstkontrolle meint, Entgleisungen oder emotionale Überfälle zu vermeiden.

▶   Menschen mit einem hohen Maß an Selbstkontrolle besitzen die Fähigkeit, sich selbst zu beruhigen, Angst, Schwermut oder Gereiztheit zu überwinden, und schaffen ein Klima in dem Vertrauen und Fairness wachsen können.

Letzteres ist vor allem der beruflichen Karriere dienlich. Vermeiden Arbeitnehmer und insbesondere Führungskräfte verbale Entgleisungen, vorschnelle Schuldzuweisungen oder emotionale anstelle von sachlichen Bemerkungen, werden sie als professionell, integer und vertrauenswürdig wahrgenommen. Sie schaffen ein Klima, in dem Machtkämpfe und interne Machenschaften wenig Nährboden finden. Solch ein Klima steigert die Produktivität und verleiht Mitarbeitern das Vertrauen, Herausforderungen anzunehmen.

Hätte ich persönlich mein im vorigen Kapitel angesprochenes Muster, mich mit hierarchisch Höhergestellen offen anzulegen, zwar erkannt, aber nicht geändert,

wäre mein Coaching wertlos geblieben. Selbstkompetenz setzt zwar Selbsterkenntnis voraus, letzten Endes zählt jedoch die Fähigkeit, seine Gefühle nicht nur
zu erkennen, sondern auch zu beherrschen. Ist diese Fähigkeit nicht vorhanden,
laufen wir Gefahr, von unseren Gefühlen allzu leicht übermannt zu werden, und es
beginnt sich die Negativspirale zu drehen, die uns von einem unerfüllten Bedürfnis
über eine emotionale Überforderung zu einem negativen Endzustand, der Kampf,
Flucht oder Unterwerfung sein kann, befördert.

In meinem ganz konkreten Fall wurde mein Bedürfnis nach Anerkennung von
meinen Vorgesetzten häufig nicht befriedigt. Ich war schlichtweg überfordert mit der
Situation, diesen Mangel zu verspüren und gleichzeitig meinen Vorgesetzten Achtung,
Respekt und Anerkennung zu zollen. Mein Verlust der Ich-Steuerung äußerte sich in
Kampf. Ich begab mich zum Teil unnötig und wiederholt in Konfrontation mit meinen
Vorgesetzten. Aufgrund der hierarchischen höher angesiedelten Position meiner
Konfliktpartner war natürlich immer ich der Unterlegene in diesem Machtspiel. Mein
Mangelerleben wurde verstärkt. Ich ärgerte mich und fühlte mich ohnmächtig.

▶   Ist meine Selbstkompetenz hoch, bin ich selbstsicher, wirke authentisch
    und bin zufrieden. In diesem Zustand der gelebten Selbstkompetenz
    gelingt es eher, ein Mangelerlebnis in meinen Bedürfnissen als Heraus-
    forderung und nicht in meinen Bedürfnissen als Überforderung zu
    betrachten.

Bin ich in der Lage, mein impulsiv gesteuertes Verhalten, das in Kampf, Flucht oder
Unterwerfung münden würde, durch Selbstkontrolle zu bändigen und in ein lösungs-
orientiertes Verhalten umzuwälzen, dann entsteht daraus – wie in Abb. 3.1 dargestellt – ein positiver Kreislauf. **Das Wissen um die erfolgreiche Bewältigung einer
Herausforderung steigert die persönliche Zufriedenheit in gleichem Maße, wie
es das Selbstvertrauen stützt.**

Wir haben im vorigen Kapitel gelesen, dass unser Handeln nie losgelöst von
Emotionen ist. Selbst auf den ersten Blick rein rational zu treffende Entscheidungen
wie zum Beispiel die Wahl eines Studienplatzes werden von Emotionen gelenkt.
Versucht man auch, mit so viel Vernunft wie möglich abzuwägen, welcher Stu-
dienplatz für die eigene Zukunft am förderlichsten sein könnte (Wo gibt es die re-
nommiertesten Professoren? Welche Auslandsangebote hat man? Welche Kosten
entstehen? Wie attraktiv ist der Studienort zum Wohnen?), schwingen Emotionen
immer mit. Denkt man an die Kosten, regen sich mit ziemlicher Sicherheit Gefühle
in euch. Womöglich verspürt ihr jüngeren Ypsiloner Angst, nicht ausreichend Geld
für das Studium zur Verfügung zu haben? Oder Freude darüber, dass keine Studi-
engebühren anfallen?

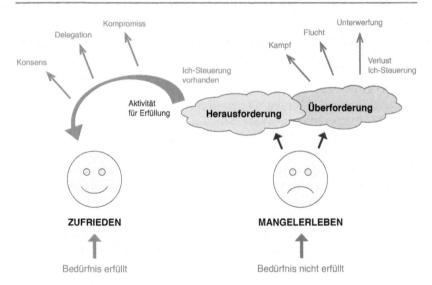

Abb. 3.1 Die Wege unerfüllter Bedürfnisse. Quelle: Businessmeetspsychology, www.businessmeetspsychology.com

Neueste Studien der Universität Glasgow haben ergeben, dass es vier Grundgefühle gibt, die Menschen unabhängig von ihrer Kultur und Sozialisation an der Mimik anderer Personen erkennen können: **Angst, Trauer, Freude und Wut**. (BBC News 2014) Sie sind ein Produkt unserer Evolutionsgeschichte, das uns hilft, in bestimmten Situationen schnell und richtig zu reagieren. Das Gefühl von Angst lässt Blut zu den großen Skelettmuskeln fließen, um beispielsweise besser laufen, also fliehen zu können. Bei Freude wird unser Gehirn mit dem Glückshormon Dopamin überschwemmt, das negative Gefühle hemmt und eine Steigerung der verfügbaren Energie bewirkt.

War dieses System in unserer Evolutionsgeschichte lebensrettend, kann es auch heute noch ähnlich hilfreich sein. Zum Beispiel im Straßenverkehr: Die Entscheidung, ob ich meinen Vordermann noch vor der Kurve überhole oder jemandem die Vorfahrt lasse, sei stammesgeschichtlich tief verwurzelt. Es ginge um Flucht, Abwehr und Verteidigung, Angriff, Erstarren, Unterwerfung, Macht, Dominanz und Imponieren, so der Hirnforscher Roth.

Erleben wir allerdings einen Mangel, das heißt, wird eines unserer Bedürfnisse zu einem großen Teil nicht befriedigt und werden wir von unseren Gefühlen wie Wut, Angst und Trauer übermannt, fallen wir ohne Selbstkontrolle in unsere stammesgeschichtlichen Muster zurück. Am bedauerlichsten wird dieses Phänomen bei manchen Verbrechen sichtbar: Täter, die völlig außer Kontrolle in einer Situation emotionaler Explosion, bei der im Gehirn der Ausnahmezustand verhängt wird, ein Verbrechen begehen. In abgeschwächter Form erleben wahrscheinlich alle von uns – als Täter oder Opfer – diese neuralen Entgleisungen. Sie passieren immer dann, wenn wir unsere Mitmenschen impulsiv verbal attackieren und hinterher oft nicht mehr wirklich wissen, warum wir in diesem Moment so reagiert haben.

▶ Genau hier wird Selbstkontrolle wichtig. Selbstkontrolle bewahrt uns vor diesen emotionalen Explosionen und im Endeffekt vor Situationen, die wir im Nachhinein bereuen würden. Dabei geht es nicht darum, unsere Gefühle zu unterdrücken oder herunterzuspielen. Im Gegenteil, um mit diesen Emotionen umgehen zu können, ist es wichtig, sie zu erkennen und zu akzeptieren.

Der renommierte Psychologe und Autor des Buches „Training emotionaler Kompetenzen" Matthias Berking spricht sich dafür aus, Gefühle anders zu bewerten, sie als Verbündete anstatt als Gegner zu betrachten. „Wenn ich vor einem Vortrag Angst spüre, will meine Psyche mir ja eigentlich helfen. Sie will mir zeigen, dass etwas auf dem Spiel steht, und erhöht kurzfristig meine Leistungsfähigkeit", erklärt Berking. Besitze ich also Selbstkontrolle, die mich davor bewahrt, vor der Herausforderung davonzulaufen (Flucht), können mir die durch das Gefühl Angst entstehenden körperlichen Reaktionen (z. B. Beschleunigung des Pulses und damit der Blutzirkulation) zu einer außergewöhnlichen Leistung verhelfen. (Berking 2010)

Die für mich zielführendste Methode, mich vor impulsiven Handlungen zu bewahren und Selbstkontrolle zu ermöglichen, ist ein kurzes Innehalten und Durchatmen. Wenn ich nur dreimal tief einatme und ausatme und dabei jeweils bis 14 zähle, geht es mir schon viel besser.

So banal die Methode auch klingen mag, sie hilft mir sehr. Wird etwa mein starkes Bedürfnis nach Gerechtigkeit verletzt, entsteht in mir immer noch ähnliche Wut wie jene, die mich vor meinem Coaching in allerlei Konflikte getrieben hat. Heute schaffe ich es allerdings, mich dieser Wut nicht mehr auszuliefern – ich kann sie ziemlich gut kontrollieren. Kommt diese Wut heute in mir hoch, überrascht sie mich nicht mehr – ich erkenne sie als alte Bekannte (ich habe meine Muster erkannt und akzeptiert!). Ich weiß, dass ich in dem Moment, in dem mich Wut überschwemmt, weder reflexartig reden noch handeln darf. Ich halte inne, versuche, Ruhe zu bewahren und das Gefühl anders zu bewerten. Ich bewerte meine Wut als Signal, dass hier meine persönliche Grenze überschritten worden ist und eines meiner Bedürfnisse nicht erfüllt wird. Ich akzeptiere es, reagiere aber nicht damit, mein Gegenüber anzugreifen.

Diese Erkenntnis hat meinem Leben ein gehöriges Maß an Ausgeglichenheit beschert. Ich drehe mich weniger um mich selbst und bin kaum noch gefangen in meinen für mich typischen Konflikten. Stattdessen kann ich meine Energie für positive Dinge einsetzen, ich schaffe eine Situation von gegenseitiger Wertschätzung und Vertrauen und bin letztendlich zufriedener.

Ich möchte allerdings auch auf unsere Grenzen hinweisen. Wir Menschen sind fragile Wesen. Wir sind verletzlich und abhängig von unserer Außenwelt. Dieser Kontext der Außenbeziehungen hängt oft unmittelbar mit unserem Handeln zusammen. Das heißt, selbst wenn wir Selbstkompetenz besitzen und unser Wirken als authentisch wahrgenommen wird, sind wir Menschen in unserem Tun, Denken und Handeln von unserem Kontext abhängig (s. Abb. 3.2).

Wir können in unserem unmittelbaren Einflussbereich Situationen schaffen, die für eine angenehme Zusammenarbeit zweckdienlich sind. Diese Einflussnahme hat jedoch ihre Grenzen. Wir befinden uns immer auch in einem Kontext, den wir nicht mehr beeinflussen können. Das Beispiel von Claudia, einer Bekannten, beschreibt diesen Umstand.

Claudia war eine angesehene Projektleiterin in einem großen Energieunternehmen. Sie war fachlich gut ausgebildet und liebte zielorientiertes Arbeiten. Nach vier Jahren erhielt sie ein Angebot eines Mitbewerbers in der Energiebranche.

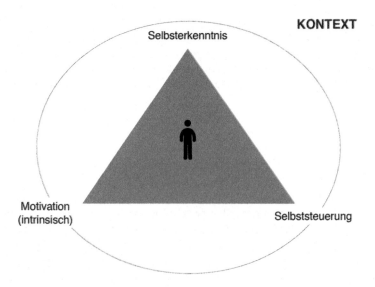

Abb. 3.2 Der Weg zur Selbstkompetenz.
Quelle: trustworx cooperation, www.thomaswuerzburger.com

Die gleiche Person, die jahrelang selbstkompetent ihre Arbeit verrichtete, hatte auf einmal Schwierigkeiten. Ihre ersten beiden Projekte scheiterten und ihr Führungsverhalten wurde nicht mehr als souverän betrachtet. Was war geschehen? Sie war mit einer ganz anderen Kultur konfrontiert. Ihre Arbeitsweise stieß auf Unverständnis und später auf Widerstand. Sie war frustriert, fasste sich aber dann ein Herz und ging zum Vorstand.

Sie konfrontierte den Vorstandsdirektor mit ihrer Situation und legte ihm dar, dass das Unternehmen aus ihrer Sicht mehr professionelle Projektorientierung benötige. Daraufhin bekam sie die Chance, beim nächsten Führungskräfte-Workshop ihre Vorstellungen zu präsentieren. Der Vorstand beschloss, ein Projektmanagement-System einzuführen. Sie durfte dieses Projekt leiten und wurde später Head of Project Management Office (PMO).

Claudias Beispiel erläutert die Bedeutung des Kontextes, der uns trotz hoher Selbst- und Fachkompetenz in Schwierigkeiten bringen kann. Claudia empfand Wut, hatte aber noch genug Selbstvertrauen, um für ihre eigenen Bedürfnisse einzutreten. Für sie war es eine große Herausforderung. Sie hatte aber noch die Ich-Steuerung und konnte daher kontrolliert und beherrscht ihr Anliegen vertreten. Sie hatte auch das notwendige Quäntchen Glück.

Wer weiß, wie es ihr ergangen wäre, wenn sie nichts getan hätte oder wenn sie beim Vorstand auf taube Ohren gestoßen wäre. Der Kontext wäre nicht mehr zu ihren Gunsten zu verändern gewesen. Auf Dauer wäre es wohl nicht gutgegangen. Sie hätte sich ohnmächtig gefühlt, dann die Ich-Steuerung verloren und vermutlich (innerlich) gekündigt (Unterwerfung oder Flucht).

Claudia zeigt uns, dass der unmittelbare Einflussbereich mit hoher Selbstkompetenz sehr positiv und befruchtend gestaltet werden kann. **Das Bewusstsein, in einen größeren Kontext eingebettet zu sein, soll keine Angst schüren, sondern Demut erzeugen, positive Entwicklungen zu schätzen, sich allerdings nicht auf ihnen auszuruhen.**

Und so wären wir eigentlich jetzt bei unserem Wunschzustand, der Authentizität, angekommen. Während man in der textlichen Aufbereitung dieses Themas tatsächlich einmal am Ziel ankommen kann, ist es fraglich, wie dieses Ziel im wahren Leben aussehen könnte. Ein Hinweis darauf, bereits ein gutes Stück weitergekommen zu sein, ist das Feedback meines Umfeldes.

▶ Authentische Menschen werden als souverän interpretiert. Im beruflichen Kontext heißt das häufig, dass sie verantwortungsvolle Aufgaben übernehmen, ihre Meinung geschätzt wird und sie generell als wertvolle Mitarbeiter gelten.

Ein weiterer Hinweis ist die Zufriedenheit in der persönlichen beruflichen Situation. Selbstkompetenz und Authentizität sind Voraussetzungen für ein erfülltes Berufsleben. Authentisch bin ich dann, wenn ich das tue, was ich gerne tue (intrinsische Motivation), und auch das tue, was ich gut kann (Erkenntnis meiner persönlichen Stärken und Schwächen). Selbstkontrolle bzw. Ich-Steuerung trägt dann noch dazu bei, Entscheidungen wohlüberlegt zu treffen und Durchhaltevermögen zu entwickeln.

Damit wären wir auch bereits bei den nächsten, entscheidenden persönlichen Skills angekommen: **Entscheidungskompetenz und Durchhaltevermögen sind zwei weitere zentrale Fähigkeiten für ein erfolgreiches und glückliches Berufsleben. Voraussetzung für beide ist Selbstkompetenz.** Was es darüber hinaus noch braucht, wird in den anschließenden Kapiteln erläutert.

Mit Entscheidungskompetenz zu verantwortungsvollem Handeln

Quidquid agis, prudenter agas et respice finem[3]

Entscheidungen zu treffen, fällt vielen Menschen schwer. Denn wenn ich Entscheidungen treffe, muss ich auch die Verantwortung dafür übernehmen. Ebenso für die Kosten, denn jede Entscheidung ist mit Kosten verbunden, mit Konsequenzen oder etwas, das ich mit meiner Entscheidung ausschließe.

Meine ältere Schwester Maria studierte Rechtswissenschaften. Sie war schon im Studium eine sehr gute Juristin, später wurde sie Richterin und kam in den Rechtsmittelsenat. Ohne Zweifel entschied sie sich für einen Beruf, der ihren Talenten gut entsprach. Sie erhielt auch viel Anerkennung und positives Feedback von ihren Kollegen. Selbstkompetenz hatte sie erworben und ihr kompetentes Verhalten wurde meist sehr positiv bewertet.

Zur Überraschung aller entschied sie sich nach Jahren, ihren Job zu kündigen. Für die damalige Zeit war es sehr außergewöhnlich, dass eine gut dotierte Richterin im sicheren Status einer Beamtin aus freiem Willen diesen Beruf aufgab.

Auch ich konnte sie damals nicht ganz verstehen. Gut, sie hatte eine Tochter bekommen und es war klar, dass sie ihrer kleinen Tochter maximale Beachtung und Präsenz schenken wollte, aber deshalb diesen sicheren Job kündigen?

Auf die Frage, warum sie dies so entschieden hatte, sagte sie: „Ganz einfach, ich stellte mir die Frage, ob dies mein Lebensauftrag sein könne, und meine

---

[3] Was auch immer Du tust, tue es klug und bedenke das Ende. Spruch geht angeblich auf Aesop im 6. Jahrhundert v. Chr.zurück

Antwort war klar. Ich war mir sicher, dass dies nicht meine Lebensaufgabe ist, deshalb habe ich so entschieden."

▶   Echte Entscheidungskompetenz braucht den Mut, neue Wege zu gehen
     und die Bereitschaft, die Kosten seiner Entscheidung zu akzeptieren.

Entscheidungskompetenz ist heute wichtiger denn je! Die digitale Kommunikation verleiht uns Zugang zu Produkten, Dienstleistungen, Lebensweisen und Personen auf der ganzen Welt. Die Globalisierung macht es möglich, diese Dinge dann auch zu beziehen und uns von anderen Menschen am anderen Ende der Welt inspirieren zu lassen. Die Liberalisierung der Gesellschaft lässt es zu, diese Inspirationen zu konkretem Handeln werden zu lassen und unterschiedliche Lebensstile zu leben. Moralische Instanzen wie die Kirche sind nur mehr für sehr wenige richtungsweisend. Der Einzelne ist gefragt, Werte zu entwickeln, aus einem Überangebot zu wählen und Entscheidungen zu treffen.

Der renommierte Jugendforscher und Professor Klaus Hurrelmann räumt eurer Generation eine partiell hohe Entscheidungskompetenz ein. Als eine Generation, die ihren eigenen Bedürfnissen und Interessen gegenüber sensibel ist und auch prinzipiell Möglichkeiten hat, diese zu befriedigen bzw. diesen nachzugehen, beschreibt euch der Experte im Hinblick auf euer Konsumverhalten konsumkompetent und damit auch entscheidungskompetent. Ihr prüft die Qualität, vergleicht Preise sowie Leistung und entscheidet euch überlegt. Euer Verhalten fordert Unternehmer und schwächt die Dominanz von Marken. (Education 21 2015)

Ähnlich kompetent verhalten sich viele von euch bei der Ausbildungs- oder Berufswahl. Es werden nicht nur die in unmittelbarer Umgebung zur Verfügung stehenden Ausbildungsstätten oder Unternehmen in Betracht gezogen – eure Auswahl ist geprägt von persönlichen Interessen, der Reputation und den Möglichkeiten eurer Ausbildungs- oder Arbeitsstätte sowie den „Add-ons" (wie z. B. Freizeitmöglichkeiten in der Umgebung, Kindergruppenplätze, vielfältiges Angebot der Kantine etc.), die euch geboten werden.

Eure Entscheidungskompetenz nimmt ab, wenn es um Entscheidungen geht, die euer Leben langfristig beeinflussen könnten. Man könnte nun argumentieren, dass die Berufswahl dazuzählen würde. Lässt man sich allerdings die Möglichkeit offen, eine Ausbildung auch einmal abzubrechen oder einen Arbeitgeber zu wechseln oder überhaupt eine andere berufliche Richtung einzuschlagen, dann werden diese Entscheidungen, die für viele meiner Generation noch langfristig waren, auf einmal mittelfristig.

Die herausfordernden Fragen für eure Generation liegen im Bereich der Partnerschaft (Ehe), Familiengründung (Kinder) und der Frage des Wohnorts. Bei diesen

Fragen zeigt sich eure Generation wenig entscheidungsfreudig – ihr bevorzugt es, euch Möglichkeiten offen zu lassen. Die „Shell Jugendstudie 2010" bestätigte, dass 69 Prozent der befragten Jugendlichen damals den Wunsch hatten, eine eigene Familie zu gründen. (Shell 2010) Die „Shell Jugendstudie 2015" zeigt eine Tendenz zu verringertem Kinderwunsch. Heute sind es noch 65 Prozent. (Shell 2015)

Eine kontinuierlich sinkende Fertilitätsrate lässt darauf schließen, dass dieser Wunsch häufig nicht und erst spät (mit der Konsequenz, dass weniger Kinder pro Frau geboren werden) realisiert wird.

Experten sprechen in diesem Zusammenhang von einer Kultur des Zögerns. „Irgendwo könnte immer noch ein besserer Job warten, ein tollerer Partner, ein glücklicheres Leben." Und so werden diese Entscheidungen hinausgeschoben – manchmal so lange, bis es zu spät ist. (Weiguny 2010)

Entscheidungen sind nicht immer einfach. Die Prozesse, die ihnen zugrunde liegen, sind komplex (s. Abb. 3.3). Wie in vorangegangenen Kapiteln erläutert, sind rein rationale Entscheidungen nicht möglich. Ich widerspreche somit der in der Ökonomie immer noch gängigen Theorie der rationalen Entscheidung, die auf der Annahme beruht, dass handelnde Akteure aufgrund bestimmter Präferenzen ein rein nutzenmaximierendes (und damit rationales) Verhalten zeigen. Gefühle werden demnach als störend oder irreführend empfunden. Ziel wäre es daher, Gefühle in Entscheidungsprozessen zu kontrollieren und nicht ernst zu nehmen. Dem gegenüber steht die Ansicht, dass das Verhältnis von Ratio, Affekt und Emotion umgekehrt zu sehen sei. „Nicht die Vernunft lenkt primär unsere Handlungen und wird durch Emotionen begrenzt, sondern Affekte und Emotionen steuern in Form von Handlungsmotiven unser Verhalten", so der Hirnforscher Gerhard Roth. (Roth 2008) Die Vernunft kann erst nach diesem ersten Emotions-Filter eingreifen und der affektiven Planung – wenn gewünscht – gegensteuern. Dann kann die Ratio ihr ganzes Können zum Einsatz bringen, Vor- und Nachteile abwägen und die bestmögliche Lösung finden.

Abb. 3.3 Wie kluge Entscheidungen zustande kommen.
Quelle: trustworx cooperation, www.thomaswuerzburger.com

Experten sprechen dem, was wir in der Umgangssprache als „Bauchgefühl" beschreiben, eine immer größere Bedeutung zu. Gefühle oder Ahnungen, die uns dieses Bauchgefühl schickt, sind das Ergebnis unserer gesamten Sozialisation, unser emotionales Erfahrungsgedächtnis. Diese Gefühle entstehen nicht willkürlich, sie sind erlernt. Sie können uns zum Beispiel darauf hinweisen, dass uns ein bestimmtes Verhalten oder eine bestimmte Situation in Schwierigkeiten oder sogar Gefahr bringen kann. Diese Gefühle sind wichtig und nicht zu ignorieren.

Der portugiesische Neurowissenschaftler António Damásio hat die Rolle von Emotionen in Entscheidungsprozessen untersucht und ist dabei zu der bahnbrechenden These gekommen, dass „Emotionen und Körperempfindungen kein Störfaktor für klares Denken, sondern im Gegenteil ein wesentlicher Bestandteil kluger Entscheidungen sind". Damásio konnte seine These anhand von Untersuchungen von Patienten untermauern, die Verletzungen in jenem Teil des Gehirns aufwiesen, das für Emotionen zuständig ist. Damit konnte Damásio auch empirisch untermauern: „Ein Mensch, der seine Emotionen nicht wahrnimmt (oder wahrnehmen kann), trifft schlechtere Entscheidungen als ein Mensch, der seine Emotionen wahrnimmt." (Storch 2011)

Damásio benannte jene Körpersignale „somatische Marker". Somatische Marker sind Signale des Körpers auf Handlungsmöglichkeiten. Sie senden entweder ein positives Gefühl „ja, weiterverfolgen" oder ein negatives „nein, aufhören". Damit helfen sie, die verstandesmäßig unzähligen Möglichkeiten vorzuselektieren. Somatische Marker können sich je nach Kontext individuell äußern – zum Beispiel als Scham, Freude, Angst, Euphorie etc. Trotzdem sind sie immer zwei Kategorien zuzuordnen: „ja, weitermachen" oder „nein, aufhören". (Storch 2011)

Nehmt eure somatischen Marker als Unterstützung in Entscheidungsprozessen wahr! Versucht nicht, Dinge auf Biegen und Brechen zu verfolgen, obwohl euch euer Bauchgefühl eigentlich etwas anderes vermittelt. Und verlernt vor allem nicht, eure somatischen Marker wahrzunehmen!

Konsequente Zielorientierung in einer herausfordernden, höchst dynamischen Welt veranlasst uns häufig, Wege zu gehen, die nur vordergründig förderlich erscheinen, und diese lassen uns wenig Zeit für Reflexion und ein Durchatmen. Gute Entscheidungen brauchen allerdings genau das: Sie benötigen ein bestimmtes Maß an Selbsterkenntnis, das uns dazu verhilft, unsere somatischen Marker wahrzunehmen und zu bewerten. Und sie brauchen Besonnenheit und Zeit. In vielen Dingen ist der Ratschlag, einmal darüber zu schlafen, sehr hilfreich. Er hilft uns, die impulsiv hochkommenden Körpersignale rational zu analysieren und zu bewerten, um im Anschluss eine Entscheidung zu treffen, die rational begründbar ist und ein positives „ja, weitermachen"-Gefühl auslöst.

▶   Zusammengefasst brauchen kluge Entscheidungen also die Fähigkeit
    seinen somatischen Markern folgen zu können. Analytische Fähigkeiten
    sind wichtig, kommen allerdings erst später zur Geltung.

Lebensentscheidungen und der Purpose of Life
Wir sollten uns glücklich schätzen, in einer Welt zu leben, die uns Wahlfreiheit in
fast allen Dingen erlaubt. Nehmt dieses Geschenk an!

▶   Gestaltet eure Welt und trefft Entscheidungen! Versucht, eure Ziele
    dabei nach langfristigen Werten und weniger nach unmittelbarer
    Bedürfnisbefriedigung auszurichten. Sucht eure eigene Vision und stellt
    euch von Zeit zu Zeit die Frage nach dem „Purpose of Life".

Was ist euer Auftrag in diesem Leben? Wo habt ihr Stärken, Talente? Was ist euer
Lebenszweck? Denkt auch an euer Lebensende. Der Tod gehört zu euch und eurem
Leben. Woran würdet ihr den Lebenssinn am Ende eures Lebens festmachen?
      Lebensentscheidungen wie Familiengründung oder Berufswahl brauchen die
Fokussierung und Planung auf konkrete Ziele und Visionen. Sie heben sich in ihrer
Bedeutung ab von Tagesentscheidungen und müssen demzufolge viel höher priori-
siert werden. Derart wichtige Entscheidungsfindungen brauchen auch Zeit und Pau-
sen vom Alltag. Lebensentscheidungen tangieren in der Regel auch eure Partner.
Versucht, die Meinung eurer Partner zu eruieren und mit einzubeziehen. Partner müssen dabei nicht immer Lebenspartner sein. Sie können genauso gut Kollegen,
Freunde sein. Sie geben euch Sicherheit oder Zweifel mit auf den Weg. Treffen müsst
ihr die Entscheidungen letzten Endes alleine. Diese Verantwortung wird euch niemand abnehmen können. Das ist auch gut so.
      Jeder von euch hat von Geburt an eine gute Portion Energie für seinen Lebensweg
mitbekommen. Geht mit dieser Energie sachte um. Sie kann in unserem extrem
dynamischen Tagesgeschäft schnell aufgebraucht sein. Lebensentscheidungen be-
dürfen eurer Energie und Fokussierung auf das Wesentliche. Der Lebensstern in
Abb. 3.4 vereint die vier Elemente, die für unsere Lebensentscheidungen wichtig
sind. Um euren Purpose of Life finden zu können, braucht ihr fokussierte Energie.
      Um Lebensentscheidungen nicht aus den Augen zu verlieren, sondern sie be-
wusst treffen zu können, ist es hilfreich, nachfolgende Punkte zu beherzigen:

• Findet eure persönlichen Visionen und verbindet sie mit einem zielorientierten
  Vorgehen (Plan)!
• Nehmt euch bewusst Auszeiten, um Energie für wichtige Entscheidungen ver-
  fügbar zu haben (Pause)!

Abb. 3.4 Der Lebensstern.
Quelle: Klarblick Coaching
www.klarblick.at

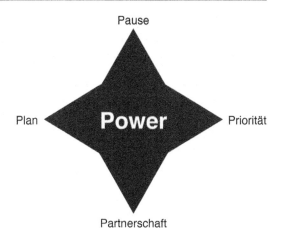

- Trefft eure Entscheidungen nicht nur klug, sondern priorisiert die wichtigen Entscheidungen nach euren Werten! Unterscheidet die wesentlichen Lebensentscheidungen von anderen (wichtigen) Dingen und räumt ihnen Zeit und Energie ein (Priorität)!
- Schenkt euren Partnern Gehör, auch wenn sie eure Intentionen nicht befürworten oder euch zum Zweifeln bringen (Partnerschaft)!
- Trefft Entscheidungen! Seht dies nicht als Bürde, sondern seid dankbar, diese Eigenverantwortung in Freiheit übernehmen zu dürfen!
- Scheut nicht davor zurück, neue Wege zu beschreiten, auch wenn dies bedeutet, gegen gesellschaftliche und familiäre Zwänge bestehen zu müssen!

Wenn ihr euch für eine Arbeit entschieden habt, dann werdet ihr mit der Zeit spüren, ob sie euren Talenten und Leidenschaften tatsächlich entspricht. Wie bereits im Kapitel oben beschrieben, werdet ihr dort Erfolg haben, wo ihr euer vererbtes, erworbenes Können und Wissen sowie eure Talente und Leidenschaften einbringen könnt. Leider gibt es gar nicht viele Berufstätige, die das tun, was sie wirklich gut können. Nach einer Gallup-Untersuchung sind es gar nur 20 Prozent der befragten Personen, die täglich das tun, was sie tatsächlich sehr gut können bzw. wollen. (Gallup 2015)

Die meisten von euch Ypsilonern werden vielleicht noch nicht ihren persönlichen Purpose of Life gefunden haben. Viele Menschen erkennen diesen erst spät, manche nie. Sie spüren aber, dass etwas in ihrem täglichen Leben und in ihrer Arbeit nicht stimmig ist. Auch wenn es sehr schwierig sein mag, seinen eigenen Lebenszweck und seine Berufung zu finden, so kann es ziemlich leicht sein zu erkennen, ob man gerade auf dem falschen Weg ist.

Wenn ihr das erkannt habt, solltet ihr eure Konsequenzen ziehen: nichts über-stürzen, aber klar entscheiden und – wenn erforderlich – beenden.

Wenn 20 Prozent der Arbeitenden meinen, dass sie nicht das tun, was sie gut kön-nen, dann kann dies mitunter mit schwierigen finanziellen Notlagen und sonstigen Rahmenbedingungen erklärt werden. Ich kann aber nicht glauben, dass 80 Prozent der Bevölkerung aufgrund schwieriger Rahmenbedingungen nicht das tun, was sie gut machen könnten. Das hat auch mit Angst vor dem drohenden Jobverlust, Angst vor Verschlechterungen, Angst vor dem Verlust der Komfortzonen zu tun.

▶   Liebe Ypsiloner, ihr habt noch viel Zeit, eure eigene Berufung zu finden. Sucht euch persönliche Visionen. Habt Mut, verschiedene Wege zu gehen und eingeschlagene Wege auch wieder zu verlassen, wenn ihr erkennt, dass sie nicht mehr zu eurem Lebenszweck passen.

Eine große Hilfestellung, um zu erkennen, ob eure Arbeit der Erfüllung eures Lebenszweckes förderlich ist, kann ein, nach dem amerikanischen Geschäftsmann und Autor Max de Pree, definierter Arbeitsbegriff sein, der acht Rechte beinhaltet (De Pree 1990):

- Das Recht, gebraucht zu werden
- Das Recht, beteiligt zu sein
- Das Recht auf Bündnisbeziehung
- Das Recht auf Verständnis
- Das Recht, sein Schicksal selbst zu gestalten
- Das Recht, Verantwortung zu übernehmen
- Das Recht, Widerspruch einzulegen
- Das Recht, sich zu engagieren

Wenn ihr diese acht Rechte bei euch und eurer Arbeit ausreichend verwirklicht erlebt, dann seid ihr wohl (noch) am richtigen Weg. Seht ihr mehrere dieser Rechte in eurer gegenwärtigen Arbeitssituation nicht verwirklicht, ist möglicherweise ein Umdenken oder sogar ein Wechsel angebracht.

Mit Durchhaltevermögen/Volition/Resilienz zu einem erfüllten Arbeitsleben

Per aspera ad astra[4]

---

[4] Über den rauhen Pfad gelangst Du zu den Sternen. Spruch wird Seneca zugeschrieben.

Marina Shifrin, eine Amerikanerin der Generation Y, arbeitete zwei Jahre lang als Autorin für Videonachrichten bei dem Unternehmen Next Media Animations. Shifrin vermisste dabei einen Qualitätsanspruch bei ihrem Vorgesetzten, der laut ihren Angaben nur darauf Wert legte, wie viel sie schrieb und wie viele Clicks generiert werden konnten. Eines Morgens beschloss sie zu kündigen – und das mittels Video-Botschaft. Zu Kanye Wests „Gone" tanzte sie um 4.30 Uhr morgens im menschenleeren Büro und ließ ihren Chef per Untertitel wissen, dass sie kündige. Ihr Video erreichte über vier Millionen Clicks. (Shifrin 2013)

Bezugnehmend auf das vorige Kapitel hat Marina Shifrin Entscheidungskompetenz bewiesen. Sie spürte womöglich schon eine ganze Weile, dass sie mit den im Job gelebten Werten nicht mehr konform ging. Sie handelte – auch wenn die Art und Weise etwas bizarr erscheinen mag. Sie entschied sich für einen neuen Weg und handelte insofern klug, als dass sie ihren ehemaligen Arbeitgeber mit seinen eigenen Waffen schlug: Sie drehte ein Video mit wenig Qualitätsanspruch und generierte Millionen von Clicks. Damit machte sie sich für künftige Arbeitgeber sehr interessant!

Ich befürworte es sehr, dass eure Generation das Recht in Anspruch nimmt, ihr Leben zu gestalten. „Love it – change it – leave it!" ist ein Leitsatz, den sich eure Generation auf die Fahnen heftet. Einen Punkt bedauere ich dabei allerdings. Ich habe den Eindruck, als würde „change it" häufig ausgelassen. Folglich werden Dinge – aus meiner Sicht – häufig zu schnell fallen gelassen.

Erinnert euch an das Beispiel von Claudia, der Projektleiterin, die ihre Umstände zu ihren Gunsten ändern konnte. Sie wollte eine Veränderung ausprobieren, bevor sie kündigte. Sie verspürte Wut und sie war traurig. Ihre Bedürfnisse nach Anerkennung waren verletzt. Bevor sie aber davonlief oder Dienst nach Vorschrift machte, trat sie nochmals für ihre Bedürfnisse ein und ging zum Vorstand. Oft reichen Gespräche mit Kollegen oder Vorgesetzten, um in eurer Umgebung noch etwas zu euren Gunsten zu wenden.

Ihr seid gut darin, Situationen zu erkennen und zu akzeptieren, die eurer persönlichen Situation nicht mehr zuträglich sind. Ihr seid auch gut darin, diese Situationen kurzerhand zu beenden. Die durchschnittliche Verweildauer in einem Job bei Vertretern eurer Generation liegt laut dem amerikanischen Magazin „Forbes" bei unter drei Jahren. (Meister 2012) Das bedeutet, ihr müsst im Schnitt mit 15 bis 20 unterschiedlichen Arbeitgebern im Laufe eurer Erwerbstätigkeit rechnen. Dass man dabei viel Neues kennenlernen, sich unterschiedlichste Inspirationen holen und dabei viel an Selbsterkenntnis erfahren kann, bin ich mir sicher. Trotzdem glaube ich, dass wesentliche Fähigkeiten nicht ausgeschöpft, wichtige Dinge nicht erlernt und essenzielle Lebenserfahrungen oft ausgelassen werden, wenn man kein Durchhaltevermögen hat.

Einige Dinge verlangen Geduld, sie müssen erst reifen, um dann nutzenstiftend zu sein. In manchen Fällen lohnt es sich, diese Geduld aufzubringen!

▶   Durchhaltevermögen ist eine jener Fähigkeiten, die Unternehmen künftig als Key Skill von ihren potenziellen Arbeitnehmern erwarten. In Gesprächen mit Personalern wurde dies oft bestätigt.

Andrea, die Personalchefin und langjährige, internationale Recruiterin, antwortete auf die Frage, was sie jungen Arbeitgebern für ihre künftige Laufbahn mitgeben möchte, wie folgt: „Sie sollen Freude an dem haben, was sie tun, Durchhaltevermögen zeigen und den Willen haben, Verantwortung zu übernehmen". (Auer 2015)

Durchhaltevermögen zu zeigen, ist einfacher, wenn die Motivation stimmt und man Volition (= Willenskraft, Umsetzungskompetenz) mitbringt. Der Wille folgt dem inneren Feuer!

Auch Andrea bekräftigte dies: „Die Freude am Tun ist wichtig! Es ist nicht immer leicht, durchzuhalten. Motivation hilft dabei ungemein!" (Auer 2015) Motivation meint dabei die Freude, den Spaß, das Interesse und die Leidenschaft an der Arbeit selbst. Das Thema der instrinsischen Motivation wurde zu Beginn dieses Kapitels erläutert und dabei gezeigt, wie wichtig es ist herauszufinden, wo eure Stärken liegen, und euch von euren Neigungen und weniger von der Idee eines guten Einkommens leiten zu lassen. Dieser innere Motor, der euch dann antreibt, wird euch nicht nur schwierige Zeiten durchhalten lassen, sondern euch auch zu Höchstleistungen anspornen.

Neben der intrinsischen Motivation, die ihr für das Unternehmen beitragen könnt, gibt es die extrinsische Motivation, nämlich jene Anreize, die einen Arbeitsplatz abgesehen von der inhaltlichen Tätigkeit ebenfalls interessant machen können. Hier sind die Unternehmen gefragt, sich zusehends auf die jungen Generationen einzustellen. Traditionelle extrinsische Anreize wie kontinuierliche Gehaltssteigerungen oder betriebliche Altersversorgung wirken für viele eurer Generation nur mehr bedingt motivierend. Leistungsbezogene Entlohnung, Weiterbildung, die Möglichkeit zu einer Auslandserfahrung und vieles andere, dem Lifestyle eurer Generation entsprechende Motivatoren, sind Faktoren, die Ypsiloner motivieren, das große Ziel nicht aus den Augen zu lassen und Durststrecken mit Selbstdisziplin zu überstehen.

a. *Volition*

Der Begriff der Volition ist etwa so alt wie eure Generation. Erkannte die Psychologie zwar bereits zu Beginn des 20. Jahrhunderts, dass es etwas wie Willenskraft gibt, gelang es allerdings erst zu Beginn der neunziger Jahre, Motivation und Volition empirisch zu unterscheiden. Heute kann nachgewiesen werden, dass für die

Erreichung eines Ziels nicht nur die Motivation, sondern auch der Wille und die Kompetenz zur Umsetzung der erforderlichen Maßnahmen notwendig sind. Volition wird als ein Prozess der Selbstkontrolle beschrieben, der uns mittels Willenskraft dazu verhilft, Handlungsbarrieren zu überwinden.

Der Willenskraft wird in der Managementliteratur immer größere Bedeutung beigemessen. Während man in früheren Zeiten Unternehmenserfolg noch häufig seinen charismatischen, visionären Führungspersönlichkeiten zuschrieb, weiß man heute, dass die Fähigkeit, Ziele in die Tat umzusetzen, viel wichtiger ist. Das bestätigte auch eine Studie der THM (Technische Hochschule Mittelhessen) aus dem Jahre 2012, bei der über 10 000 Fach- und Führungskräfte unterschiedlicher Generationen über einen Zeitraum von drei Jahren befragt wurden. (Pelz 2014) Die Experten stellten dabei einen unmittelbaren Zusammenhang zwischen wirtschaftlichem bzw. persönlichem Erfolg und Umsetzungskompetenz dar. Personen mit hoher Umsetzungskompetenz verdienten demnach mehr als jene, die zaudern, hyperaktiv sind und sich immer wieder verzetteln.

▶   Dementsprechend sehen Experten die Willenskraft als entscheidendes Erfolgskriterium und als die wichtigste Fähigkeit für Manager.

Nachfolgend sind die Top 10 jener Verhaltensweisen aufgelistet, die laut dieser Studie erfolgreiche von erfolglosen Arbeitskräften unterscheiden:

1. Ich habe ein ausgeprägtes Durchhaltevermögen.
2. Es fällt mir leicht, eine negative Stimmung gezielt zu verbessern.
3. Ich bekomme genug Anerkennung, wenn ich gute Leistungen bringe.
4. Ich lenke meine Energien bewusst auf klar formulierte Ziele.
5. Ich beeinflusse meine Gefühle in einer Weise, die mir die Arbeit erleichtert.
6. Ich weiß in jeder Situation, was ich will.
7. Ich neige nicht dazu, starken Widerständen und Problemen auszuweichen.
8. Ich erledige auch unangenehme Dinge, ohne zu zögern.
9. Es dauert nicht lange, bis ich mich nach großen Niederlagen wieder erhole.
10. Ich ergreife konkrete Maßnahmen zur Steigerung meiner Energie.

Interessant dabei ist, dass viele dieser Verhaltensweisen dem Thema Willenskraft zuzuordnen sind. In Anlehnung an Dr. Waldemar Pelz, Leiter oben genannter Studie und Experte auf dem Gebiet Management und Führung, können der Umsetzungskompetenz nachfolgende wesentliche Fähigkeiten zugeordnet werden (s. Abb. 3.5):

DURCHHALTEVERMÖGEN
EIN PRODUKT AUS MEHREREN FAKTOREN

Motivation als Ursprung

Volition als Willenskraft zur Umsetzungskompetenz
- Fokussierung auf das Wesentliche
- Selbststeuerung: Emotions- und Stimmungsmanagement
- Autonomie: erlebte Selbstverantwortung
- Selbstvertrauen und Durchsetzungsstärke (Selbstwirksamkeit)
- Vorrausschauende Planung und kreative Problemlösung
- Zielbezogene Selbstdisziplin
- Sinnhaftigkeit

FOKUSSIERTE
UMSETZUNG

Wissen um die Ergebnisse der eigenen Arbeit
(Feedback, Fortschrittskontrolle)

ERGEBNIS

Resilienz und Antifragilität

ERNEUERUNGS-
POTENTIAL

Abb. 3.5 Durchhaltevermögen. Rechte beim Autor

- Fokussierung auf das Wesentliche
- Selbstkontrolle: Emotions- und Stimmungsmanagement
- Autonomie: erlebte Selbstverantwortung
- Selbstvertrauen und Durchsetzungsstärke
- Vorausschauende Planung und kreative Problemlösung
- Zielbezogene Selbstdisziplin
- Sinnhaftigkeit

Fach- und Führungskräfte mit hoher Umsetzungskompetenz können ihre Ziele demnach eher umsetzen, da sie in der Lage sind, ihre Emotionen, Gedanken, Motive und ihr Verhalten durch Willenskraft so zu steuern, dass Hindernisse leichter überwunden werden können. Zusätzlich sind umsetzungsstarke Fach- und Führungskräfte sensibel im Umgang mit ihren Ergebnissen. Sie sind offen für Feedback und unterziehen ihr Arbeiten regelmäßigen Ergebniskontrollen. Diese Offenheit gepaart mit einer hohen Umsetzungskompetenz ist es auch, die erfolgreiche Fach- und Führungskräfte resilient oder sogar antifragil macht. Mit anderen Worten: Diese Führungkräfte sind in der Lage, aus Misserfolgen zu lernen und gestärkt daraus hervorzugehen.

Die beste Nachricht kommt zum Schluss: Umsetzungskompetenz ist erlern- oder förderbar! Voraussetzung ist vorhandene Motivation. Wir liegen daher mit unserer Suche nach dem, was wir wirklich wollen bzw. mit der Suche nach unseren Stärken und Schwächen ganz richtig.

▶ Geht es um Umsetzungskompetenz, sind klare Zielorientierung, emotionale Ausgeglichenheit und Selbstvertrauen wichtig. All diese Fähigkeiten setzen Selbsterkenntnis voraus. Je klarer mir meine Ziele sind, desto leichter fällt es mir, an deren Umsetzung zu arbeiten. Je mehr ich im Einklang mit mir selbst bin, desto ausgeglichener, zufriedener und letztlich selbstbewusster bin ich. Zielbezogene Selbstdisziplin wird dann zur einfachen Übung!

Wichtig erscheint es mir in diesem Zusammenhang zu erwähnen, dass Durchhaltevermögen zwar absolut wünschenswert ist, es sich allerdings nur dann positiv auswirken kann, wenn die persönlichen Grenzen berücksichtigt werden. Durchhalten aufgrund einer sturen Zielorientierung, ohne Rücksichtnahme auf persönliche Grenzen, ist langfristig nicht gesund und nicht das, was ich hier als Key Skill verstehe.

Zugegebenermaßen ist dieser Grenzgang häufig schwierig. Wir gehen bis an unsere Grenzen, manchmal überfordern wir uns dabei und können scheitern. Um am Scheitern nicht zu zerbrechen, ist eine weitere Fähigkeit notwendig, die in der Literatur als Resilienz bezeichnet wird.

b. *Resilienz*

Resilienz leitet sich vom lateinischen Wort *resiliare* ab, das so viel bedeutet wie *zurückspringen*. Es beschreibt die Fähigkeit, Tiefs und Niederlagen zu überstehen, anstatt daran zu zerbrechen.

Zeuge dieser Fähigkeit werden wir häufig im Spitzensport. Spitzensportler, die durch Verletzungen zurückgeworfen wurden und dann später wieder auftauchten, sind die Stehaufmännchen, die mit Rückschlägen fertig werden können, die vieles weg- und einstecken können und trotzdem immer wieder zurückkommen.

Nicht nur im Sport, auch im alltäglichen Leben oder im beruflichen Kontext bewahrt uns Resilienz vor einem tiefen Fall. Weder unser Privat- noch unser Arbeitsleben kommt ohne Umwege aus, manchmal sind Täler zu durchschreiten. Resilienz kann uns dabei helfen, die grünen Wiesen zwischen den Tälern zu sehen, Ziele trotz Schwierigkeiten nicht aus den Augen zu verlieren, aus Erfahrungen zu lernen.

Resilienz verlangt nicht nur Selbstdisziplin und Zielorientierung, sondern auch die Bereitschaft zur Flexibilität. In Zeiten großer Veränderungen und Dynamik sind die alten Pfade bei aller Robustheit häufig nicht mehr die Erfolg versprechenden. Ändert sich der Kontext, bedarf es einer Neuorientierung, der Bereitschaft, einen Umweg zu gehen, ohne dabei das Ziel aus den Augen zu verlieren. Wirklich erfolgreich sind in Zeiten großer Dynamiken und Unsicherheiten diejenigen, die nicht nur Widerstandsfähigkeit besitzen und die Robustheit in sich spüren, wieder in die Spur zurückzuspringen, sondern die aus Niederlagen lernen und den Willen aufbringen, neue Wege zu gehen, um das gesteckte Ziel (anders) zu erreichen. Diese Fähigkeit nennt der Ökonom und Bestsellerautor Nassim Taleb Antifragilität. Für Taleb beschreibt es die Kompetenz, an Schocks nicht nur nicht zu zerbrechen, sondern sogar davon gestärkt zu werden. Taleb sieht das Vorbild dieser Fähigkeit in der Natur: „Die Natur ist so eingerichtet, dass jeder Brand, jede Trockenheit und jede Epidemie sie am Ende fitter macht. In diesem (…) Sinne ist Antifragilität mehr als Robustheit oder Resilienz; sie hält Schläge nicht nur aus, sie wird dadurch stärker."(Füchtjohann 2013)

Auf dem Prüfstand steht die Fragilität eines Menschen insbesondere dann, wenn ihm Schicksalsschläge widerfahren. Mich persönlich begeistern Spitzensportler, die sich nach schweren Verletzungen wieder hocharbeiten. Wir alle kennen Sportler, deren Gliedmaßen amputiert wurden und die geraume Zeit später bei den Paralympics voller Energie triumphieren. Aber es gibt auch eine Vielzahl weniger spektakulärer und doch sehr beeindruckender Beispiele antifragiler Menschen. Im Sport, aber auch in der Wirtschaft: Firmengründer, die mehrmals scheiterten und es beim dritten oder vierten Versuch auf andere Weise schafften und dann durchstarteten.

In diesem Zusammenhang möchte ich die Geschichte meines Schwagers und ehemaligen Weltklasse-Skispringers, Wolfgang Loitzl, erzählen. Wolfgang, ein sehr später Ypsiloner, ist für mich ein gutes Beispiel für Resilienz und Antifragilität, der es immer wieder schaffte, aus Formtiefs an die Spitze wortwörtlich zurückzuspringen. Wolfgang begann seine internationale Karriere als Juniorenweltmeister im Jahr 1998. Danach war er jahrelang im Nationalteam des Österreichischen Schiverbandes (ÖSV). Ein zuverlässiger Springer, der zahlreiche Top-10-Platzierungen erreichte, bis zu dessen Einzelsieg es aber einige Jahre dauern sollte.

Das Nationalteam der österreichischen Skispringer avancierte zum weltweit unangefochtenen Topteam. In seiner aktiven Laufbahn wurden die Reglements bezüglich Ausrüstung und Skisprungtechnik immer wieder geändert – mit enormen Auswirkungen für die Athleten. Sie mussten sich immer wieder auf neue Situationen einstellen und versuchen, ihr Ziel trotz geänderter Rahmenbedingungen nicht aus den Augen zu verlieren. Bei Wolfgang dauerte dieser Prozess. Erst im 223. Bewerb gelang ihm der erste Sieg.

Nach vielen Jahren als souveräner Mannschaftsspringer hatte er in der Saison 2005/2006 mit einem Formtief zu kämpfen, das ihn den Platz in der Olympiamannschaft von Turin 2006 kostete. Ein herber Rückschlag, auf den Wolfgang nicht vorbereitet gewesen war. In einem Interview bestätigte mir Wolfgang seine damalige Enttäuschung: „Ich wurde plötzlich mit dieser Entscheidung konfrontiert und wusste, dass es nun zu spät war, um das Ruder herumzureißen. Diese Erkenntnis machte mich fertig. Ich konnte nichts mehr ändern. Andere, von denen ich geglaubt hatte, dass sie schlechter wären als ich, hatten jenen Erfolg, den ich gerne gehabt hätte."

Wolfgang schaffte es, dieses Tief nicht nur zu überwinden, sondern gestärkt daraus hervorzugehen. Die Saison 2008/2009 war eine seiner erfolgreichsten – er konnte nicht nur als Mannschaftsspringer, sondern auch als Einzelspringer überzeugen. So gewann er im Januar 2009 einen der prestigeträchtigsten Wettbewerbe im Skisprungsport – die Vierschanzentournee.

Auf die Frage, was ihm dabei half, aus diesem Tief gestärkt hervorzugehen, nannte Wolfgang zwei Schlüsselfaktoren: Zielorientierung und intrinsische Motivation. „Mir ging es immer um die Freude am Springen. Ich wollte immer noch besser werden. Jeder Athlet sucht nach dem perfekten Sprung – den es in Wirklichkeit nicht gibt. Trotzdem will man dorthin, wo andere nicht hinkommen – dort wo man sich unbesiegbar fühlt." Diese Motivation war es, die ihn über 18 Jahre antrieb, das Beste aus sich herauszuholen. Er erreichte WM-Einzelgold, acht Team-Goldmedaillen (eine bei Olympia, sechs bei der WM, eine bei der Skiflug-WM – zwischen 2001 und 2013). Dazu kommen vier Einzel- und zehn Teamsiege im Weltcup.

Auf meine Frage, welche Erfolgsgeheimnisse er eurer Generation mitgeben möchte, antwortete Wolfgang:

- Glaube an Deine eigenen Fähigkeiten!
- Erkenne Dich, um zu wissen welches Potenzial Du hast. Man hat oft viel mehr drauf, als man sich selbst zutraut.
- Nicht aufgeben! Weiterkämpfen, auch wenn es mal holprig wird.
- Ziele/Visionen vor Augen haben. Wenn Du das nicht hast, bist Du sehr schnell zufrieden. Für ein Ziel, das schwierig zu erreichen ist, tut man mehr, um es zu erlangen. (Loitzl 2015)

3.2 Soziale Skills

Wir haben uns im vorangehenden Kapitel sehr viel mit uns selbst beschäftigt. Mit unseren Stärken und Schwächen, mit dem, was uns lenkt, wie wir Entscheidungen treffen und was es braucht, um Ziele auch wirklich umzusetzen.

▶ Im sozialen Kontext, also in der Interaktion mit anderen Menschen,
werden diese persönlichen Kompetenzen auf die Probe gestellt. Hier
wird mein Ego, mein Ich-Sein zur gemeinsam erlebten Wirklichkeit.

Sozial kompetente Menschen werden häufig irrtümlich als „gute Menschen" beschrieben. Dabei hat soziale Kompetenz nichts mit Moral und Ethik zu tun. Soziale
Kompetenz zu definieren, ist schwierig, da sie nicht nur vom Individuum her, sondern vom sozialen Kontext bestimmt werden muss. Abhängig vom Milieu und der
Kultur, in der man sich bewegt, werden gewisse Verhaltensweisen eher erwartet
und somit als kompetenter interpretiert werden als andere.

**Es geht aber nicht darum, dass ihr euch in gewisser Weise nur an die jewei-
ligen Umgebungen anpasst, sondern euch mit eurem Willen in dieser Umgebung wirkungsvoll behaupten könnt.** Interessant ist dies, wenn in einer Gruppe
erst ein vernünftiger Lösungsweg für irgendein Problem gefunden werden muss.
Selbst wenn ihr den besten Lösungsvorschlag von allen Teammitgliedern im Kopf
habt, bringt es euch nichts, wenn ihr mit diesem Vorschlag bei den anderen kein Gehör
findet. Für komplexe Probleme braucht ihr die anderen. Wenn die anderen euch und
euren Gedanken nicht folgen (können/wollen), habt ihr euren Willen nicht wirkungsvoll im sozialen Kontext ausdrücken können. Willenskraft braucht neben Umsetzungskompetenz (s. Abb. 3.5) auch Durchsetzungskraft im sozialen Miteinander.

Nachfolgender Definitionsversuch zur Sozialkompetenz nach Wrubel, Brenner,
Lazarus macht dieses klar: „Der Hauptgesichtspunkt sozialer Kompetenz ist, dass
das Individuum aktiv bestimmt, was er oder sie in einer sozialen Situation will, und
ferner die Fertigkeiten besitzt, die individuell definierten Ziele im Kontext bestimmter sozialer Situationen zu verwirklichen." (1981)

**Um diese so verstandene soziale Kompetenz besser erfassen zu können, lohnt
es sich, erfolgskritische Merkmale oder Eigenschaften von sozialer Kompetenz
zu definieren.** Ich möchte mich hier auf **fünf konkrete Eigenschaften** beschränken.
(Holtz 1994)

1. Eure Ausdrucksfähigkeit
   Wer sich kompetent ausdrücken kann, kann sich verständlich machen, kann eigenes Wissen, Meinungen, Lösungsvorschläge und Wünsche einbringen.
2. Eure Empfangskapazität
   Wer ein ausgeprägtes Sensorium hat, der kann andere Gruppenmitglieder gut
   beobachten, Ereignisse und gruppendynamische Prozesse wahrnehmen und natürlich gut zuhören.
3. Eure Offenheit
   Offenheit bedeutet, offen für Anregungen zu sein, Kritik akzeptieren zu können
   und grundsätzlich bereit zu sein, sich mit anderen auseinanderzusetzen.

4. Eure Kooperationsfähigkeit
   Kompetente Kooperation bedeutet, eigene Handlungsmöglichkeiten und Verantwortlichkeiten zu erkennen und wahrzunehmen. Kooperative Personen können sich auch auf Handlungen von anderen einstellen und anpassen.
5. Eure Gestaltungskompetenz
   Love it or change it? Wer bei den ersten Problemen sofort das Handtuch wirft, beweist nicht gerade Durchhaltevermögen. Manchen Menschen fehlt es hier an Gestaltungsfähigkeit. Wer Beziehungen aufnehmen und komplexe Aufgaben bewältigen kann, zeugt von Gestaltungsfähigkeit. Ebenso können sich gestaltungsfähige Menschen in einer Gruppe gut zurechtfinden, selbst wenn es mal nicht friktionslos läuft. Sie können situationsadäquat kritisieren und eine Lernsequenz oder ein Gespräch leiten. Solche Personen verhalten sich angemessen in gruppendynamischen Prozessen.

In all meinen Gesprächen mit Personal-Verantwortlichen unterschiedlicher Unternehmen und Branchen wurde die Bedeutung von sozialer Kompetenz bei Arbeitnehmern ähnlich hoch eingestuft. Vera, die Personalleiterin des mittelständischen IT-Unternehmens, nimmt in ihrem Unternehmen immer wieder wahr, dass die sozialen Skills die guten von den besten Arbeitnehmern unterscheiden. (Strehle 2015) Auch Andrea, die Personalleiterin der größten österreichischen Privatbrauerei, erzählte von einem begabten Techniker, der nicht nur durch sein Fach-Know-how, sondern auch durch seine sozialen Fähigkeiten bestach. „Dieser Mitarbeiter war unglaublich wertvoll für das Unternehmen. Er war der King! Er wird sicher Karriere machen!", erinnert sich Andrea. (Auer 2015) Franz Wührer, ehemaliger Inhaber und Geschäftsführer des Wirtschaftspsychologieunternehmens HILL International Österreich, unterstrich in einem Interview die steigende Bedeutung von Persönlichkeit und sozialen Skills für Unternehmen. Allerdings wies er darauf hin, dass die zunehmende Bedeutung sozialer Fähigkeiten keineswegs eine Bedeutungsabnahme von fachlichen Skills darstelle. Die Kombination von sozialen und fachlichen Skills mache also den Unterschied aus! (Wührer 2015)

Die durch die Technologie bedingte Individualisierung der Gesellschaft und eine sehr selbstbewusste Haltung junger Generationen sind für die Ausprägung sozialer Kompetenzen nicht immer förderlich. Andrea, die vor ihrer Tätigkeit als Personalleiterin für das Recruiting in einem internationalen Konzern zuständig war, beschreibt die Situation wie folgt: „Die Kommunikation über E-Mail, diverse Message-Dienste oder Social–Media-Plattformen verändern die Wahrnehmung junger Generationen. Eine Antwort ist schnell gepostet – ist diese freundlich oder nicht. Und will ich mich dem Konflikt nicht aussetzen, lege ich einfach mein Smartphone zur Seite. Kommt es dann im wirklichen Leben zu Konflikten – und diese treten nun einmal auf, beruflich wie privat –, stoße ich auf viele überforderte junge Menschen. Plötzlich sehen sie sich einer Situation gegenüber, die sie nicht wie üblich lösen können." (Auer 2015)

Konfliktfähigkeit ist eine soziale Fähigkeit, die ich in diesem Kapitel noch behandeln werde. Egal, ob beruflich oder privat, wir alle befinden uns von Zeit zu Zeit in Konflikten. Dabei muss ein Konflikt nicht immer in einem Streit oder einer Eskalation enden – er kann auch dazu beitragen, neue Wege zu öffnen und wichtige Veränderungen herbeizuführen. Wichtig dafür ist, dass ihr konfliktfähig seid, das heißt, kritisches Feedback annehmen und euch so verhalten könnt, dass ein konstruktives Miteinander möglich bleibt.

Dafür von grundlegender Bedeutung ist die Kommunikationsfähigkeit. Erfolgreiche Kommunikation ist dann möglich, wenn ich einschätzen kann, welche Wirkung meine Worte, meine Zeilen, mein Verhalten auf mein Gegenüber haben. Meine Gefühle, Empathie und Bedürfnisse werden hier zu wichtigen Stichworten.

Soziale Kompetenz sehe ich auch als unbedingte Voraussetzung für Führungspersonen. Führungspersonen sind dann erfolgreich, wenn sie ihre Mitarbeiter so lenken können, dass Ziele erreicht und Ergebnisse generiert werden können. Eure Generation gibt sich in aktuellen Studien, wie zum Beispiel im „Manager Barometer 2014/15" des Odgers Berndtson Instituts, führungsmüde. Im Unterschied zu älteren Kollegen belegt die Freude an der Führungsaufgabe für Manager der Generation Y nur Platz vier der Karrieremotivatoren. (Berndtson 2014)

Trotzdem werden wohl auch Arbeitnehmer eurer Generation nicht vollständig um Führungsverantwortung herumkommen. Und womöglich wollt ihr das auch gar nicht, wenn Führen nicht mehr nur dem klassischen „Ober sticht Unter"-Prinzip folgt. Meint Führung mehr ein Koordinieren, ein Motivieren und Einschwören des Teams auf ein gemeinsames Ziel, zeigt sich auch eure Generation motiviert, diese Verantwortung anzunehmen. Der Trend in der Organisationsentwicklung hin zu flacheren Hierarchien und die verstärkte Projektorientierung in Unternehmen werden euch hier entgegenkommen. Machtspiele oder starres Einhalten von Hierarchieebenen wird mehr und mehr der Vergangenheit angehören, ergebnisorientiertes Führen von Teams wird die Führungsverantwortung der Zukunft sein. Bestimmte Herausforderungen bleiben aber gleich, sie werden am Ende des Kapitels thematisiert werden.

Ein weiterer Punkt, der für euren persönlichen Erfolg wichtig ist, ist das Thema Vertrauen. Bedauerlicherweise verursachten jüngste Geschehnisse in Wirtschaft, Politik und Gesellschaft einen generellen Vertrauensverlust. „Kontrolle ist besser" lautet in vielen Unternehmen, Staaten, Netzwerken nun die Parole. Dass Vertrauen essenzieller Bestandteil jeder Führungsaufgabe und eigentlich jedes sozialen Miteinanders ist und was ihr dazu beitragen könnt, um Vertrauen in eurer Umgebung und eure persönliche Vertrauenswürdigkeit zu fördern, wird nachfolgend behandelt.

Kommunikationsfähigkeit – eine Frage von Verstehen und Wirkung
Wohl kaum etwas hat sich in jüngster Vergangenheit so stark verändert wie die
Kommunikationsmedien. Mit dem Einzug des Internets und des digitalen Mobil-
funks in den neunziger Jahren erlebte die Kommunikation eine fundamentale
Wende. Erstmals war Information nicht mehr vorselektiert! Bis dahin unterlag es
Presseagenturen, Journalisten, Radio- und Fernsehstationen, das WAS und WIE in
der Veröffentlichung von Information zu bestimmen. Heute steht es jedem Individuum frei, Informationen zu veröffentlichen und zu beziehen. Für viele eurer Generation kaum vorstellbar, bezogen wir tagesaktuelle Themen ausschließlich über
Zeitungen oder Nachrichten in Funk und Fernsehen, schrieben wir wissenschaftli-
che Arbeiten mithilfe von Fach-Printliteratur (die wir uns übrigens vor Ort mithilfe
von Karteikarten und nicht über eine Online-Suchmaschine suchten), schrieben
wir Briefe an unsere Kommilitonen im Auslandssemester und ließen wir Freunde
an unseren Urlaubsreisen mit einer Dia-Show teilhaben.

Die Mobiltelefonie hatte vor allem Einfluss auf das zwischenmenschliche Kommunikationsverhalten. Während früher Dinge besprochen, genau vereinbart und
umgesetzt wurden, wird heute für jede Verabredung mehrere Male telefoniert, zahlreiche Messages geschrieben oder der Status „ich warte" auf Facebook gepostet.
Ich erinnere mich noch gut an die unzähligen Male, an denen ich auf meinen Freund,
einen notorisch zu spät Kommenden, wartete – ohne Information, wie lange es noch
dauern könnte, ob er aufgehalten wurde oder vielleicht überhaupt nicht mehr kommen würde.

Besonders augenscheinlich wird der Unterschied zwischen damals und heute
beim „Dating-Verhalten". Während ich noch von der nächstgelegenen Telefonzelle
(wir waren ja wie zu Beginn des Buches erwähnt nicht in der glücklichen Lage, ein
hauseigenes Telefon zu besitzen) die Dame meines Interesses anrufen musste, dabei
natürlich zuerst mit ihrem Vater oder ihrer Mutter am Telefon sprechen, mich vorstellen und sie bitten musste, mit ihrer Tochter reden zu dürfen, wird heute die Angebetete
schon mal schnell „gelikt" – beinahe anonym, vorbei an Vater und Mutter. Hier ist die
Hemmschwelle geringer, werden die Jungs eurer Generation wesentlich mehr Mäd-
chen „liken", als ich jemals angerufen habe.

Diese Thematik der geringeren Hemmschwelle trifft nicht nur auf Anbahnungs-
versuche zwischen Frau und Mann zu, sondern beeinflusst das gesamte Kommunikationsverhalten junger Generationen. Wie zu Beginn dieses Kapitels erläutert,
macht es einen Unterschied, ob ich eine unerfreuliche oder unfreundliche Antwort
jemanden per E-Mail oder Short Message zukommen lasse oder sie dem Empfänger
von Angesicht zu Angesicht übermitteln muss. In ersterem Fall muss ich mich der
Reaktion des Empfängers nicht aussetzen. Es obliegt mir selbst zu bestimmen,
wann oder ob ich eine allfällige Reaktion lesen will. Die Hemmschwelle, dies zu
tun, ist entsprechend geringer.

Ich erlebe immer wieder junge Menschen, die überfordert sind, wenn sie eine Situation wie die oben beschriebene in einem Gespräch von Angesicht zu Angesicht erleben. Plötzlich sind sie der unmittelbaren Reaktion des Empfängers ausgesetzt. Die Wirkung ihrer Kommunikation wird sicht- und spürbar. **Die Wirkung ist das zentrale Element jeder Kommunikation. Sie ist der Gradmesser dafür, ob Kommunikation erfolgreich verlaufen ist.** Ist der Inhalt der Kommunikation (die eigentlich beabsichtigte Aussage) beim Empfänger so angekommen, wie es sich der Sender gedacht hat? Wurde der Inhalt „richtig" verstanden? Oder hat die Aussage eine Reaktion ausgelöst, die den Sender überraschte? Wurde die Aussage „falsch" verstanden?

Wie ihr alle bestimmt schon oftmals erlebt habt, ist unmissverständliche Kommunikation eher die Ausnahme. Meist kommt beim Empfänger nicht das an, was der Sender zu übermitteln beabsichtigte. Dr. Friedemann Schulz von Thun, ein renommierter deutscher Psychologe und Kommunikationswissenschaftler, entwickelte zur Erklärung dieses Phänomens das bekannte Vier-Seiten-Modell der Kommunikation. Laut Dr. Schulz von Thun ist jeder Mensch, der kommuniziert, in vierfacher Weise als Sender von Botschaften wirksam. Da wir Menschen einzigartige Wesen sind, sind auch unsere Ausprägungen in diesen vier Kategorien oft sehr unterschiedlich. Welche Botschaften senden wir (bevorzugt) aus?

- eine Sachinformation (Information über Daten, Fakten, Sachverhalte)
- eine Selbstkundgabe (Informationen über die eigene Persönlichkeit bzw. Befindlichkeit, implizit oder explizit durch „Ich-Botschaften")
- eine Beziehungsebene (Hier steht die Beziehung/das Verhältnis zum Gesprächspartner im Vordergrund. Wie steht der Sender zum Empfänger? Was hält er vom Empfänger?)
- eine Appellebene (Was/welche Handlung will mit der Aussage beim Gesprächspartner erreicht werden?)

Ebenso vielschichtig verhält es sich auf Empfängerseite. Hier stößt die Nachricht auf die „vier Ohren" des Empfängers. Auch unsere vier Ohren sind von Mensch zu Mensch sehr unterschiedlich ausgeprägt und so hören wir oft zwar die gleichen Worte desselben Menschen, aber verstehen je nach Ausprägung komplett unterschiedliche Dinge. Welche Botschaften hören wir bevorzugt?

- Mit dem Sachohr kategorisiert der Empfänger die Nachricht sofort nach den Kriterien relevant/irrelevant, hinlänglich/unzureichend, Daten-Fakten-Check.
- Mit dem Selbstkundeohr hört er „Was ist das für einer?". Es wird zwischen den Zeilen gelesen und interpretiert.

- Das Beziehungsohr entscheidet darüber, ob sich der Empfänger bspw. wertgeschätzt/abgelehnt, missachtet/geachtet oder respektiert/gedemütigt empfindet.
- Das Appellohr lässt den Empfänger fragen: Was soll ich jetzt tun?

Da wir Menschen auf vier Ebenen kommunizieren und die Ausprägungen bei uns individuell meist sehr unterschiedlich sind, sind Missverständnissen Tür und Tor geöffnet. Das Zwischenmenschliche birgt damit auch immer wieder ein hohes Konfliktpotenzial in sich.

So ist es beispielsweise sicher nicht immer einfach für Menschen, die ein sehr ausgeprägtes Appellohr haben. Diese Menschen verstehen tendenziell jede Aussage als Aufforderung, etwas zu tun. Sie springen schon auf, obwohl am Tisch nur konstatiert wurde, dass ein Teller fehlt. Das kann aber auch für den Sender der Botschaft recht unangenehm werden. Ich erlebe derartige Situationen in meinem eigenen Freundeskreis häufig. Ulrike, mit einem ausgeprägten Appellohr ausgestattet, geht sofort in Stellung. In vielen Fällen erwarte ich von ihr keine Handlung, meine Aussage ist schlicht und einfach unüberlegt, mit einer Wirkung, die ich nicht beabsichtigte.

Bedauernswert sind in meinen Augen die Menschen mit ausgeprägtem Appellohr dann, wenn es ihnen zudem schwerfällt, Dinge abzulehnen. Sie verwenden und verschwenden dann häufig so viel Energie für andere, bis es an ihre eigene Substanz geht.

Wir haben in den vorangegangenen Kapiteln thematisiert, wie wichtig es ist, mit seiner eigenen Energie zu haushalten. Wer nicht Nein sagen kann und glaubt, immer handeln zu müssen, wird sich auspowern. Leider wird dieses Verhalten von Mitmenschen häufig falsch interpretiert. Sie glauben, auf ein offenes Ohr gestoßen zu sein, und schrecken nicht davor zurück, deren Dienste weiterhin in Anspruch zu nehmen. In manchen Fällen so lange, bis die Person endgültig ausgelaugt ist.

Um erfolgreich kommunizieren zu können, ist es also zunächst wichtig, sich der Komplexität von Kommunikation bewusst zu sein. Ziel jeder erfolgreichen Kommunikation muss es sein, Information beim Empfänger als relevant und ausreichend ankommen zu lassen, um die beabsichtigte Reaktion auszulösen (Was soll der Empfänger tun? Soll er etwa nur richtig verstehen oder auch handeln?). Die Sachebene braucht Worte, um die Information transportieren zu können. Dabei können bspw. auch Bilder oder (visualisierte) Daten auf Dokumenten unterstützend sein. Insbesondere die Ebenen der Selbstkundgabe und die Beziehungsebene bedienen sich jedoch stark der Gestik, Mimik, des Tonfalls und der Art der Formulierung zur Auslegung der Botschaft.

Diese eher technische Sicht auf das Kommunikationsverhalten hilft vor allem dann weiter, wenn ich mich selbst und die Ausprägungen des Kommunikationsverhaltens meines Gegenübers gut einschätzen kann. Sie löst aber noch nicht unbedingt das Problem „mangelhafter" Kommunikation, wie wir sie Tag für Tag erleben. Sie erleichtert allerdings unser Kommunikationsverhalten. Selbsterkenntnis kommt auch hier wieder zum Tragen: Ich kann mein Kommunikationsverhalten verbessern, wenn ich für mich erkannt habe, welche der vier Kategorien mir besonders auf der Zunge liegen und was ich mit meinem „feinen Ohr" bevorzugt heraushöre.

Einen entscheidenden Schritt tat der amerikanische Professor und erfolgreiche Buchautor Marshall B. Rosenberg, der mit seinem Konzept zur gewaltfreien Kommunikation (GFK) einen Lösungsansatz für erfolgreiches Kommunizieren entwickelte. Rosenbergs Konzept basiert auf der Annahme, dass es eigentlich in der Natur von uns Menschen läge, einfühlsam zu geben und zu nehmen. Wir hätten nur leider durch Ereignisse in unserer Geschichte und die Reaktionen unserer Mitmenschen (Verurteilung, Kritik) diese Sensibilität verloren. Laut Rosenberg geht es darum, diese Negativspirale, die sich aus Verurteilungen, Kritik und Verteidigung, Rückzug oder Angriff ergibt, zu durchbrechen, um einen positiven „flow" in Gang zu bringen.

Rosenbergs Konzept zur gewaltfreien Kommunikation besteht aus vier Komponenten:

1. Beobachtungen: Die Herausforderung dieser ersten Komponente ist das Auseinanderhalten von Beobachtung und Bewertung. Starten wir gleich hier mit einer Bewertung der Situation wie: „Du bist wieder …", fühlt sich das Gegenüber möglicherweise kritisiert und reagiert mit Abwehr oder Rückzug. Es ist empfehlenswert, sein Gegenüber mit einer konkreten, nicht lange zurückliegenden Situation/ Handlung zu konfrontieren. Sinnvolle Satzanfänge könnten dabei sein:

   In meiner Wahrnehmung …
   Mein Bild von dieser Situation war …
   Ich habe beobachtet …

2. Gefühle: Ist man in der Lage, seine Gefühle auszudrücken, verfällt man weniger leicht der Gefahr, sein (erlittenes) Mangelerlebnis als Vorwurf kundzutun. Dafür ist es laut Rosenberg notwendig, einen Gefühlswortschatz aufzubauen. Er selbst beobachtete wiederholt, dass zum Beispiel Schülergruppen deutlich mehr Schimpfwörter parat hätten als Wörter, um ihre Gefühle auszudrücken. In diesem Zusammenhang erweist sich unser Wort „fühlen" häufig als irreführend. „Ich fühle mich von meinen Kollegen nicht ernst genommen", beschreibt eher das (von mir interpretierte) Verhalten meiner Kollegen, als dass es meine Gefühlslage beschreibt. „Ich bin traurig über die Situation an meinem Arbeitsplatz", drückt hingegen mein ganz persönliches Empfinden aus, ohne jemanden anzuklagen, und lässt so die Türen für ein konstruktives Gespräch offen.

3. Bedürfnisse: Eine häufige Reaktion auf Kritik ist Selbstverteidigung oder ein Gegenangriff. Beides macht ein weiterführendes, konstruktives Gespräch schwierig.

„Je direkter wir es allerdings schaffen, unsere Gefühle mit unseren Bedürfnissen in Verbindung zu bringen, desto leichter ist es für andere, einfühlsam zu reagieren", erklärt Rosenberg. (Rosenberg 2010) „Ich bin traurig über die Situation an meinem Arbeitsplatz, weil ich mir selbst nicht ausreichend Gehör verschaffen kann", drückt zum einen meine Gefühle und zum anderen mein Bedürfnis nach Zugehörigkeit aus.

4. Bitten: Im vierten und letzten Schritt geht es darum, die im Modell von Schulz von Thun als Appell bezeichnete Komponente der Kommunikation entsprechend zu formulieren. Rosenberg empfiehlt dafür, vage, abstrakte oder zweideutige Formulierung zu vermeiden und das auszudrücken, was wir wollen, und nicht das, was wir nicht wollen. „Je klarer wir uns beim Sprechen über die Art der Resonanz sind, die wir als Rückmeldung haben möchten, desto wahrscheinlicher ist es, dass wir sie auch bekommen werden", so Rosenberg. (Rosenberg 2010) Ein zentrales Element ist dabei das Thema Freiwilligkeit. Bitten werden als Forderungen gedeutet, wenn mein Gesprächspartner glaubt, eine Konsequenz zu spüren, wenn sie nicht erfüllt werden. Für Rosenberg ist es daher entscheidend Bitten so zu vermitteln, dass wir Zustimmung nur wünschen, wenn sie aus freien Stücken geschieht.

Laut Rosenberg ist es nicht primäres Ziel der Kommunikation, Menschen zu verändern, um seinen Willen durchzusetzen, sondern „Beziehungen aufzubauen, die auf Offenheit und Einfühlsamkeit basieren, sodass sich über kurz oder lang die Bedürfnisse jedes Einzelnen erfüllen". (Rosenberg 2010)

Um die Bedeutung des Aufbaus von Beziehungen in der Kommunikation geht es auch dem international anerkannten Leadership-Experten John. C. Maxwell: „Everyone communicates, few connect. What the most effective people do differently." (Maxwell 2010)

Maxwell sieht die Fähigkeit, Beziehungen herzustellen, als zentrale Fähigkeit für eine erfolgreiche Karriere: „The ability to communicate and connect with others is a major determining factor in reaching your potential. To be successful, you must work with others. To do that at your absolute best, you must learn to connect." (Maxwell 2010)

Dabei geht es bei Maxwell – ähnlich wie bei Rosenberg – viel um Einfühlungsvermögen und eine wertschätzende Haltung seinem Gesprächspartner gegenüber. Maxwell beschreibt dies an Beispielen aus unterschiedlichen Lebensbereichen: sei es der CEO einer internationalen Airline, der es versteht seinen Mitarbeitern zu vermitteln, dass er ihre Bedürfnisse wirklich ernst nimmt. Oder der Lebenspartner, der sich durch mein Interesse an seinem Empfinden, seinen Gefühlen und seiner Situation geliebt fühlt. Oder die Mutter, die sich die Geschichte ihres schluchzenden Kindes anhört, bevor sie pädagogische Ratschläge gibt. (Maxwell 2010)

Im Kontext der Kommunikationsfähigkeit sei auch das Harvard-Prinzip erwähnt, eine anerkannte Methode zum sachbezogenen Handeln. Die beiden Harvard-

Professoren Roger Fisher und William Ury begründeten dieses Konzept vor über 20 Jahren. Ihr Ziel war es, eine Verhandlungsmethode zu entwickeln, mit der schwierige Kommunikationssituationen so gelöst werden können, dass für alle beteiligten Gesprächsparteien eine friedliche und konstruktive Einigung erzielt werden kann. Das Harvard-Konzept ist dann erfolgreich angewendet worden, wenn eine sogenannte Win-Win-Situation für alle Beteiligten erreicht werden konnte. Um dieses hohe Ziel zu erreichen, setzt die Harvard-Methode nachfolgende Bedingungen voraus:

- Sachbezogenes Diskutieren, Trennung von Sach- und Positionsebene: Nach dem Motto „Hart in der Sache und sanft im Umgang" soll zwar das Problem eindringlich diskutiert werden, der Diskussionspartner allerdings nicht als Gegner, sondern als Partner gesehen und behandelt werden, der dazu beiträgt, eine gemeinsame Lösung zu finden.
- Auf Interessen konzentrieren, nicht auf Personen: Im klassischen Kräftemessen geht es um Recht oder Unrecht, um Gewinnen oder Verlieren. Das Harvard-Konzept sieht vor, nicht die Positionen, sondern die dahinterliegenden Interessen und Motive in den Fokus der Diskussion zu rücken und in Einklang zu bringen.
- Entwickeln von Entscheidungsalternativen zum beiderseitigen Vorteil: Konstruktive Konfliktlösungen scheitern häufig daran, dass beteiligte Personen nach der einzig wahren Lösung suchen und Alternativen vorschnell ablehnen. Um eine Win-Win-Situation zu finden, sind allerdings alternative Lösungen gefragt.
- Objektive Entscheidungskriterien festlegen: Konnten Lösungswege gefunden werden, gilt es in einem letzten Schritt, diese zu bewerten. Dazu empfiehlt das Harvard-Konzept eine Festlegung von objektiven Entscheidungskriterien, mit deren Hilfe die Lösungswege bewertet werden sollen.

Im Harvard-Prinzip geht es somit um Verständnisgewinnung für die Interessen des anderen. Kompromisse sind Zugeständnisse auf beiden Seiten. Echtes Verständnis für die Interessen und Bedürfnisse des anderen können sogar zu gewünschten Win-Win-Situationen führen.

Hilfreich kann die schlichte Frage nach dem WARUM sein. „Warum", fragte der kleine Bruder, „willst Du mir das Käsestück wegnehmen?" „Weil ich Hunger

---

Fassen wir also zusammen: Ziel gelungener Kommunikation sollte es sein, die eigenen Bedürfnisse zu artikulieren und sein Gegenüber dazu zu bewegen, etwas zur Verbesserung der eigenen Lebensqualität und Interessenslage beizutragen. Dabei kommen wir um die Gefühle, Empfindungen, Bedürfnisse und Reaktionen unseres Gesprächspartners selbstverständlich nicht herum. Es ist daher entscheidend, so zu kommunizieren und sich in einer Kommunikation so zu verhalten, dass sich das Gegenüber zumindest verstanden fühlt. Gelingt uns das, haben wir eine gesunde Gesprächsbasis geschaffen und sind in der Lage, einen positiven „Flow" des Miteinanders in Gang zu bringen.

habe", antwortete die große Schwester und der kleine Bruder war beruhigt, wollte er doch nur Angeln gehen und brauchte dafür ein gutes Stück Rinde.

Konfliktfähigkeit – eigene Möglichkeiten und Grenzen vertreten

▶ Konfliktfähige Menschen können sich grundsätzlich auf andere gut einstellen und behalten eine gute Balance zwischen Engagement und Abgrenzung. Sie haben auch in schwierigen Situationen ein Bewusstsein für die eigenen Möglichkeiten und Grenzen.

Sich in Konflikten kompetent zu verhalten, sehe ich als eine zentrale Fähigkeit erfolgreicher Menschen. Konfliktfähigkeit ist dabei sowohl im beruflichen als auch im privaten Kontext gefordert. Schaffe ich es – egal ob als Partner oder Kollege –, Kritik anzunehmen, ohne dabei umgehend mit Rückzug oder Angriff zu reagieren, kann ich in der Regel Weiterentwicklungsmöglichkeiten entdecken und ein konstruktives Gesprächsklima eröffnen. Voraussetzung dafür sind wiederum Selbsterkenntnis und Selbstkontrolle. Erinnert euch an Abschn. 3.1, in dem ich euch darstellte, wie schnell wir in unsere ureigenen Muster zurückfallen – die in vielen Fällen Rückzug oder Angriff bedeuten. Erinnert euch auch an meine eigene Geschichte, in der ich in die immer wieder gleichen Konflikte stolperte. Erntete ich Kritik von Vorgesetzten, meldete sich mein Muster „Angriff! Jetzt erst recht" und ließ es nicht zu, mir die Kritik offen anzuhören und mögliche Chancen für mich zu erkennen.

Jemand, der sich von Berufs wegen seit Jahrzehnten eingehend mit dem Thema Konflikt beschäftigt, ist Friedrich Glasl, ein anerkannter Organisationsberater und Konfliktforscher. In seinen Konflikteskalationsstufen (s. Abb. 3.6) zeigt er auf, welchen Weg Konflikte gehen. Dabei wird deutlich, dass es Ziel jeder Konfliktsituation sein muss, den Konflikt möglichst frühzeitig zu beenden. Denn: Es wird nicht besser!

Während ein Ausstieg aus dem Konflikt in den ersten ein bis zwei Stufen noch relativ einfach möglich ist, führt zunehmende Spannung unweigerlich zu gegenseitigen Verletzungen und in ein weiteres Abtriften in Regionen einer primitiven, unmenschlichen Form der Auseinandersetzung, die sich irgendwann völlig der menschlichen Steuerung entzieht. Konflikte der Ebene drei und höher sind kaum mehr unter den Konfliktparteien selbst zu lösen. Derartige Konflikteskalationen sind auf externe Hilfe angewiesen.

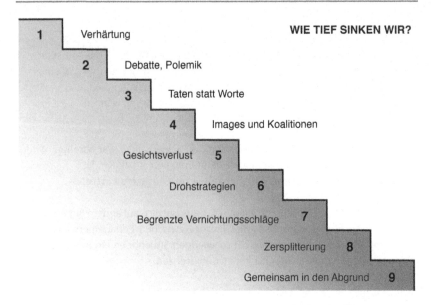

Abb. 3.6 Eskalationsstufen in Konflikten nach Friedrich Glasl. Quelle: Konfliktmanagement, ein Handbuch für Führungskräfte, Beraterinnen und Berater, 9. Auflage, S. 234. Rechte beim Autor

Stufe eins beschreibt Emotionalisierungen einer eher alltäglichen Meinungsverschiedenheit. Es prallen unterschiedliche Meinungen aufeinander, die sich allerdings – wenn kein Ausstieg möglich ist – verhärten und fundamentaler werden können. Verabsäumt man zu diesem Zeitpunkt zu erkennen, dass man sich in einem Konflikt befindet, und gelingt es nicht, ein klärendes Gespräch herbeizuführen, wird es zunehmend schwieriger, den Konflikt zu lösen. Die Konfliktparteien entwickeln Strategien, um das Gegenüber überzeugen zu können, Schwarz-Weiß-Denken entsteht.

Von einem Konflikt spricht man nach Glasl dann, wenn „zwischen Aktoren (Einzelne, Gruppen oder Organisationen) mindestens ein Aktor eine Differenz im Wahrnehmen, Denken, Fühlen oder Wollen mit dem/den anderen in der Art erlebt, dass beim Verwirklichen dessen, was der Aktor denkt/fühlt/will, eine Beeinträchtigung durch den/die anderen erfolgt". (Glasl 2010) Hält man nun fest, dass es wichtig ist, Konflikte zu erkennen, und dass Konflikte bereits gegeben sind, wenn ein einzelner Beteiligter eine Beeinträchtigung erlebt, ist daraus zu schließen, dass ein Konfliktpotenzial durch Meinungsverschiedenheit und Differenzen speziell in Gruppen wohl nie gänzlich zu eliminieren ist!

Abb. 3.7 Unsere Wahrnehmungsbrillen. Quelle: pmcc consulting gmbh, www.pmcc-consulting.com

Um bei Spannungen gelassen bleiben zu können, ist es mir hilfreich, den Kern von Konflikten zu erkennen. Konfliktpotenziale umgeben uns und unsere Arbeit täglich. Diese zu erkennen und mit ihnen professionell umgehen zu können, bedarf einer reifen Konfliktkultur und eines professionellen Konfliktmanagements in einem Unternehmen.

Wie wir im Kap. 2.2 erkennen konnten, haben allerdings noch viele Unternehmen Entwicklungsbedarf in Bezug auf ihr Konfliktmanagement, obwohl die entstandenen Schäden aus Konflikten für Unternehmen beträchtlich sind.

Konfliktfähigkeit betrifft euren unmittelbaren Einflussbereich und ist in unserer Arbeitswelt ein bedeutender Erfolgsfaktor. In vielen Fällen entstehen Konflikte durch unterschiedliche Wahrnehmungen (s. Abb. 3.7). Wie in Abschn. 3.1 erläutert, unterliegen unsere Wahrnehmungen genau wie unsere Entscheidungsfindung einem Selektionsprozess, der durch unsere Gene, Sozialisation, unsere Erfahrungen und unser Temperament beeinflusst wird. Es entstehen subjektive Erkenntnisse, die nicht selten als Fakten bzw. „Wahrheiten" missinterpretiert werden.

Folgende Wahrnehmungsverzerrungen kennt ihr sicher auch aus eurem Berufs- und Privatleben:

- **Effekt der unbewussten Persönlichkeitstheorie:** Interpretieren des Verhaltens anderer ausschließlich im Licht der eigenen Erfahrungen und Erkenntnisse, ohne das explizit zu wollen.
- **Reihenfolge-Effekt:** Primacy-Effekt: Der erste Eindruck prägt die Wahrnehmung. Recency-Effekt: Die letzten Eindrücke sind präsenter und werden stärker gewichtet.
- **Der Kontrast-Effekt:** War beispielsweise die vorige Bewertete bei der Prüfungsfrage besonders gut oder schlecht, beeinflusst das die Wahrnehmung: Das Urteil über die aktuell zu Bewertende fällt dann oft zu negativ oder zu positiv aus.
- **Der Halo-Effekt:** Ein besonderes Merkmal – sprich eine sehr positive oder sehr negative Eigenschaft – überstrahlt alle anderen.

- **Attraktivitätsstereotyp:** Der/dem Schöneren/Attraktiveren werden durchgängig die besseren Eigenschaften zugeschrieben.
- **Geschlechterstereotyp:** Je nachdem, ob eine Frau oder ein Mann ein bestimmtes Verhalten zeigt, wird es unterschiedlich bewertet. (z. B. bestimmtes Auftreten beim Mann als „durchsetzungsfähig, weiß, was er will" – bei der Frau als „dominant").

So wie wir dazu neigen, anderen zu unterstellen, sie würden uns nicht verstehen, sind wir oft selbst nicht davor gefeit, derartige Wahrnehmungsverzerrungen zu erleben. In dieser Situation sind wir noch gefährdeter, in einen Konflikt zu geraten als sonst.

Oft erscheint uns das Konfliktverhalten von Personen unlogisch und völlig inadäquat. Betrachten wir allerdings unser eigenes Konfliktverhalten, sobald wir in einem Konflikt stecken, dann stellen wir fest, dass in uns ähnliche Muster aufleben (s. Abb. 3.8).

Ein wichtiger Faktor zur Deeskalation in Konflikten ist das Kommunikationsverhalten der jeweiligen Parteien (siehe Kapitel Kommunikationsfähigkeit). Das Konzept der Gewaltfreien Kommunikation von Marshall B. Rosenberg ist besonders in Konflikten absolut zielführend, wenngleich die Umstände in Konflikten natürlich erschwerend wirken, das heißt, kommunizierenden Parteien noch mehr Professionalität abverlangt wird. Trotzdem: Sofern man es schafft, sollte man bei empfundener Kritik, Vorwürfen oder Verurteilungen unbedingt darauf achten, seine ursprünglichen Muster zu überwinden, nicht in Angriff oder Rückzug zu verfallen, sondern nach dem Prozess der Gewaltfreien Kommunikation vorzugehen (Rosenberg 2010):

Abb. 3.8 Konflikteinfluss auf unser menschliches Wesen. Rechte beim Autor

1. Beobachtung ausdrücken: Eine konkrete, noch aktuelle Situation wählen und die Beobachtung als Wahrnehmung beschreiben. „Dein Zuspätkommen gestern im Kaufhof nahm ich so wahr …" oder „Mein Bild von gestern im Büro, als ich auf Dich wartete, war …"
2. Gefühle äußern: „Ich war dabei traurig, verletzt, irritiert …" Zu vermeiden sind Interpretationen wie: „Ich fühlte mich von Dir ausgespielt/hintergangen …"
3. Bedürfnisse artikulieren: „Ich bin bedrückt, weil ich zu dem letzten Workshop nicht eingeladen wurde. Ich brauche Beteiligung und Einbindung, um entsprechend arbeiten zu können."
4. Bitte formulieren: „Können Sie mich bitte auf den Verteiler nehmen, damit ich künftig zu diesen Workshops eingeladen werde?"

Ein entscheidender Schritt in der Deeskalation von Konflikten ist, die Empathie seines Gegenübers zurückzugewinnen. Je weiter der Konflikt fortschreitet, desto schwieriger ist dies. In einem Konflikt seine eigenen Gefühle und Bedürfnisse zu artikulieren, wie im Prozess der Gewaltfreien Kommunikation vorgesehen, ist in diesem Spannungszustand förderlich. Man gibt damit etwas Persönliches preis, auf welches das Gegenüber – sofern der Konflikt noch nicht zu weit fortgeschritten ist – üblicherweise mit Empathie reagiert.

Ist man selbst in einen Konflikt involviert und ist dieser noch relativ „frisch", das heißt, befindet er sich noch gemäßigt auf Stufe eins oder zwei, kann das noch erreicht werden. Dafür hilfreich ist die Technik der mediativen Kommunikation. In der mediativen Kommunikation, die vor allem im Konfliktfall zum Einsatz kommt, stehen das Klären eigener Interessen und das Wahrnehmen anderer im Fokus. Mediative Kommunikation soll den klaren Blick aller Beteiligten auf die jeweilige Situation fördern und Gestaltungsmöglichkeiten für die Problemlösung aufzeigen. Mediative Kommunikation basiert auf der Grundhaltung der Gewaltfreien Kommunikation von Rosenberg.

Für ein mediatives Gespräch ist eine gute Vorbereitung notwendig. Es ist wichtig, sich im Vorfeld an die konkreten Handlungen bzw. Unterlassungen seines Konfliktpartners zu erinnern. Ebenso entscheidend ist es, sich seiner eigenen Gefühle bewusst zu sein. Bezugnehmend auf das obige Beispiel ist eine Darstellung der Situation in nachfolgenden Schritten empfehlenswert:

1. Ausdrücken einer Beobachtung
   „Ich habe auf der ausgedruckten E-Mail meines Kollegen gesehen, dass ich nicht auf dem Verteiler war."
2. Vermitteln der eigenen Gefühle
   In der Vorbereitung des Gespräches ist es sehr wichtig, die eigenen Gefühle abzufragen. Was fühlte ich dabei? War ich traurig, irritiert, bedrückt oder frustriert?

Vorsicht, hier kann eine Konfliktsituation verbessert, aber auch verschlechtert werden. Ziel ist es, die Empathie des anderen zurückzugewinnen. Das Gegenüber freut sich sicher nicht, wenn es erkennen muss, dass sein Verhalten Traurigkeit, Irritation oder Frustration ausgelöst hat. Wenn ihr aber kein Gefühl äußert, sondern nur interpretiert, dann kann sich die vertrackte Situation schnell zu einem noch tieferen Konflikt auswachsen. „Ich *fühlte mich* von Dir *ausgegrenzt* oder ich *fühlte mich* von Dir *hintergangen.*" In diesem Fall kann der andere sehr schnell die Fassung verlieren und die Eskalation schreitet voran. Es handelt sich hier nämlich nicht um das Ausdrücken eines Gefühls, sondern um reine Interpretation, die wiederum als Vorwurf oder Angriff vom anderen bewertet wird. Die Empathie gewinnt ihr so sicher nicht (zurück). Besser wäre etwa: „Ich war bedrückt/traurig/ich fühlte mich ohnmächtig."

3. Formulieren der eigenen Bedürfnisse
   Diesbezüglich sind in der Gesprächsvorbereitung wichtige Fragen zu klären: Um was geht es mir wirklich? Warum bin ich traurig oder verletzt? Was brauche ich von Dir/meinem Kooperationspartner, damit es mir wieder besser geht?
   Bei diesen „Grounding-Fragen" geht es um das Grundsätzliche, um den Kern des Problems. Wird Vertrauen, Autonomie, Macht, Anerkennung, Nähe, Zugehörigkeit, Freiheit etc. vermisst? Wir haben grundsätzlich alle die gleichen Bedürfnisse, nur oft in verschiedener Ausprägung, und das Verhalten anderer kann uns dabei schnell „unrund" stimmen. Die drei Grundgefühle, die dabei ins Spiel kommen, sind Trauer, Wut und Angst. Wenn unsere Bedürfnisse hingegen erfüllt werden, dann empfinden wir Freude, das vierte Grundgefühl von uns Menschen.

4. Aufzeigen von Handlungsmöglichkeiten
   Erst wenn ich selbst weiß, was mir tatsächlich fehlt und was ich brauche, kann ich mir überlegen, was ich von meinem Kollegen möchte, damit es mir in der Zusammenarbeit wieder besser geht. Was kann mein Kollege für mich tun, damit wir wieder kooperieren können?
   Wichtig ist es dabei, keine Forderungen zu artikulieren, sondern demütig eine klare Bitte zu formulieren. Handlungsmöglichkeiten zu finden, ist dann erfahrungsgemäß viel einfacher. Oft schlägt dann auch der andere bestimmte Handlungsweisen vor.

Konfliktfähigkeit unter diesen genannten Gesichtspunkten bedarf der Übung und Praxis.

Als kontraproduktiv erweisen sich sogenannte Eskalationstreiber. Sie bewirken keine Deeskalation, sondern eine weitere Verhärtung und Emotionalisierung des Konflikts. Es ist daher angebracht, Nachfolgendes in Konflikten zu vermeiden:

- Streitpunktlawine: Versucht, beim ursprünglichen Konfliktthema zu verweilen und nicht noch weitere Konfliktthemen zu thematisieren bzw. zuzulassen!
- Simplifizierungen: Versucht, Aussagen wie „Es geht doch nur um …" zu vermeiden!
- Personifizierungen: „Drahtzieher sind doch …" oder ähnliche Aussagen sind ebenfalls nicht konstruktiv.
- Pessimistische Antizipation: Versucht, lösungsorientiert zu agieren und Schwarzmalerei wie „Das nächste Mal wird es sicher schlimmer" zu unterlassen.
- Wechselseitige Ursachenzuschreibungen tragen zu keiner Konfliktlösung bei. Aussagen wie „Die hat angefangen! Ich reagiere ja nur" sind daher zu vermeiden!
- Interpretationen wie „Ich wurde von Dir hintergangen" sind ebenfalls hinderlich.

Konfliktverhalten wie etwa das wechselseitige Ursachenzuschreiben „Die hat angefangen! Ich schlage ja nur zurück" ist sehr unprofessionell. Es erinnert mich an das Verhalten meiner Kinder. Es lässt Konflikte eskalieren, das Ziel, die Empathie des anderen zu gewinnen, wird gänzlich verfehlt. Wir Erwachsenen sind allerdings mit Kindern vergleichbar, sobald wir in Konflikte geraten. Nur allzu oft verfallen wir in Konflikten in deren Verhaltensweisen. Der Unterschied liegt aber darin, dass Kinder ihren Gefühlsausdruck noch voll beherrschen. Sie weinen herzerreissend und sie lachen aus vollem Herzen. Wer empfindet da keine Empathie für dieses Leiden und Freuen? Den Ausdruck unserer Gefühle haben wir Erwachsene oft verlernt und so wird es schwierig Empathie für den anderen zu entwickeln.

Konfliktfähigkeit benötigt also ein gutes Maß an Selbsterkenntnis. Darüber hinaus ist es hilfreich, sanfte Kommunikationsmethoden zu beherrschen. Das Konzept der gewaltfreien Kommunikation von Marshall B. Rosenberg hat sich in Konfliktsituationen als zielführend erwiesen. Eine generelle Offenheit und Sensibilität für die Bedürfnisse und Situationen anderer Menschen helfen außerdem Konfliktsituationen zu bewältigen.

Jeder von uns gerät von Zeit zu Zeit in Konflikte. Sich einzugestehen, dass man sich in einem solchen befindet, ist die Voraussetzung für eine Deeskalation. Und je schneller diese herbeigeführt werden kann, desto einfacher ist es für alle Beteiligten.

Vertrauen/Trust Worx – glaubwürdig und eigenverantwortlich handeln

Dass über so etwas Alltägliches wie Vertrauen Bücher gefüllt, Management-Vorträge gehalten und ganze Strategien ausgearbeitet werden, ist kein gutes Zeichen. Es lässt vermuten, dass es uns abhandengekommen ist. Warum auch sonst würde etwas so Gewöhnliches wie Vertrauen so viel Aufsehen erregen?

Dabei haben wir gar keine andere Wahl, als zu vertrauen. Stellt euch vor, ihr müsstet euch jeden Abend den Kopf zerbrechen, ob es die Welt morgen noch gibt, die Sonne wieder aufgeht oder wir nach wie vor in der Erdumlaufbahn kreisen. Ebenso können wir nicht anders, als unserem Partner zu vertrauen, dass er sich loyal uns gegenüber verhält. Ähnlich verhält es sich im Berufsleben. Ihr müsst darauf vertrauen, dass die Geschäftsleitung eures Arbeitgebers die Geschäfte des Unternehmens nach bestem Wissen und Gewissen lenkt und auch in einigen Jahren noch am Markt vertreten sein will.

Für den Soziologen Niklas Luhmann ist Vertrauen ein „elementarer Tatbestand des sozialen Lebens". Natürlich hätten wir rein theoretisch die Wahl, Vertrauen zu schenken oder alles zu hinterfragen und damit alles Unmögliche als möglich zu betrachten. „Solch eine unvermittelte Konfrontierung mit der äußersten Komplexität der Welt hält kein Mensch aus", argumentiert Luhmann. Für Luhmann ist Vertrauen ein komplexitätsreduzierender Mechanismus, also etwas, das uns das Zusammenleben einfacher oder erst möglich macht. (Luhmann 2000)

Die Geschehnisse der jüngsten Vergangenheit auf politischer, wirtschaftlicher und gesellschaftlicher Ebene machen es uns nicht leicht, Vertrauen aufzubringen. 9/11 oder der durch den Copiloten herbeigeführte Absturz der Germanwings-Maschine in den französischen Alpen im April 2015 erschütterte das Vertrauen in die Luftfahrt massiv. Der Kollaps des Finanzsystems, ausgelöst durch die Immobilienkrise in den USA und die Insolvenz der amerikanischen Großbank Lehman Brothers im September 2008, stellte die Finanzsysteme der gesamten westlichen Welt infrage und hinterließ ganze Staaten mit riesigen Schuldenbergen und Millionen Anleger mit empfindlichen Verlusten. Was die Weltwirtschaftskrise auf dem internationalen Parkett war, war die Eurokrise für Europa. Zurück blieben das Vorstellungsvermögen übertreffende Schuldenberge, hohe Arbeitslosenraten, soziale Unruhen und vor allem ein massiver Vertrauensverlust in die Politik.

Gegenwärtig wird unser Vertrauen wiederum massiv auf die Probe gestellt. Hunderttausende Flüchtlinge aus Syrien, Albanien, dem Kosovo oder Afghanistan drängen seit dem Sommer 2015 an die Grenzen Österreichs und allem voran an die Grenzen Deutschlands. Die Bevölkerung ist gespalten. Während die einen vertrauen, dass es sich hierbei um humanitäre Flüchtlinge handelt und es die Regierungen schaffen können, mit der Masse an Immigranten umzugehen, fürchten andere eine Eskalation der Situation, eine Islamisierung unserer Gesellschaft oder eine Ausbeutung unseres Sozialsystems. Hinzu kommt, dass auch die Europäische Union mit einem Vertrauensproblem zu kämpfen hat. Viele EU-Bürger vermissen eine geeinte Außenpolitik und eine kompetente, auf EU-Ebene koordinierte Bewältigung dieser Herausforderung. Das zögerliche Verhalten der EU hat das Vertrauen der Menschen geschwächt.

Dass mangelndes Vertrauen oder ein Vertrauensbruch zu einem Mehr an Regulierungen, Vorkehrungen, Regeln und Gesetzen führt, zeigt die Vergangenheit. Auf 9/11 folgte eine maßgebliche Verschärfung der Sicherheitsvorkehrungen im Flugverkehr. Die Finanzkrise veranlasste weltweit Staaten dazu, strengere Regulierungen für den Finanzmarkt zu vereinbaren. Die vom Europäischen Finanzfonds vor der Pleite geretteten Länder stehen seither unter strenger Überwachung der Europäischen Union. Von Vertrauen kann hier keine Rede mehr sein.

Für euer persönliches Arbeitsleben wird Vertrauen maßgeblich sein. Ihr wollt ein partizipatives Arbeitsklima, selbstverantwortliches Arbeiten, flexible Arbeits- und weniger Präsenzzeiten. All das setzt Vertrauen voraus. Vertrauen in euch selbst als Arbeitnehmer, um motiviert, engagiert und lösungsorientiert zu arbeiten. Vertrauen in eure Integrität, dies auch ohne Kontrolle, im Homeoffice, innerhalb eurer flexiblen Arbeitszeiten umzusetzen. **Je vertrauenswürdiger ihr seid, desto eher sind Arbeitgeber bereit, euch diese Freiheiten zu gewähren. Denn Freiheit setzt Vertrauen voraus.**

Dieses Vertrauen schenken leider immer noch zu wenige Unternehmen ihren Arbeitnehmern. Klare Signale des Misstrauens sind für mich beispielsweise ein generelles Nein zu Homeoffice, jegliche Art von Zeiterfassungssystemen, höchst komplexe und von engen Richtlinien eingeschränkte Reisekostenabrechnungen und mehrere Hundert Seiten starke Compliance Manuals. Was sie erzeugen, ist Dienst nach Vorschrift, unkreative und mäßig motivierte Arbeitnehmer. Während meine Generation unter solchen Umständen innerlich kündigte und für den Rest der Erwerbstätigkeit Dienst nach Vorschrift absolvierte, ist es heute gelebte Praxis, kurzerhand den Job zu wechseln.

Aber! Ihr könnt entscheidend dazu beitragen, Vertrauen in eurer unmittelbaren Umgebung, egal ob beruflich oder privat, zu fördern. Dafür müsst ihr allerdings wiederum bei euch selbst beginnen.

Namhafte Autoren wie der deutsche Management-Experte Reinhard K. Sprenger und der US-amerikanische Leadership-Experte Stephen Covey haben sich mit der Bedeutung von Vertrauen für Unternehmen auseinandergesetzt. Sie beide kommen zu dem Schluss, dass Vertrauen aufgebaut und gefördert werden kann – und diese Arbeit bei einem selbst beginnt.

Vertrauen startet beim Vertrauen in uns selbst: dem Selbstvertrauen. Halte ich mich selbst nicht für vertrauenswürdig und traue ich es mir selbst nicht zu, entsprechende Ergebnisse zu erzielen, wirke ich weder vertrauenserweckend, noch kann ich meinem Gegenüber den notwendigen Vertrauensvorschuss gewähren. Stephen Covey sieht vier Grundlagen der Glaubwürdigkeit: Integrität, Absichten, Fähigkeiten und Ergebnisse. (Covey 2009)

- **Integrität:** Integrität meint Ehrlichkeit und Authentizität. Jemand wird als integer wahrgenommen, wenn er in seinen Worten und Taten stimmig ist. Dafür braucht es in vielen Fällen Mut. Den Mut, auch schwierige Wege zu gehen und Herausforderungen anzunehmen, was sich aber auszahlt, denn Integrität vermittelt Vertrauen.
- **Absichten:** Was zählt, sind unsere wahren Absichten! Doch sind auch diese nicht immer gut. Es macht sich daher bezahlt, seine Absichten von Zeit zu Zeit zu hinterfragen und zu prüfen. Was beabsichtige ich wirklich mit meinem Verhalten? Verfolge ich versteckte Agenden? In seinen ureigenen Absichten stimmig mit dem zu sein, was wir nach außen kommunizieren oder präsentieren, schafft Glaubwürdigkeit und schenkt uns das Vertrauen unserer Mitmenschen.
- **Fähigkeiten:** Fähige Menschen sind glaubwürdig. Wir können ehrlich und authentisch sein, nur die besten Absichten verfolgen, in unserer leistungsgeprägten Gesellschaft werden wir allerdings ohne unsere (erwiesenen) Fähigkeiten nicht als glaubwürdig erachtet werden. Hier kommen wir wiederum auf das zurück, das bereits erläutert wurde: Tun wir das, was wir gerne tun, sind wir stimmig in unserem Auftreten und erzielen in den meisten Fällen auch gute Ergebnisse.
- **Ergebnisse:** Fähigkeiten sind dann gewinnbringend, wenn sie gute Ergebnisse hervorbringen. **Und letzten Endes werden wir an unseren Ergebnissen gemessen.**

Eine Investition in eure eigenen Fähigkeiten ist demnach eine intelligente Sache! Um Glaubwürdigkeit und Vertrauen bei seinen Mitmenschen erlangen zu können, sind alle vier Grundlagen gleichermaßen wichtig. Sind es letztendlich auch die Ergebnisse, die zählen, wirkt man nur vertrauenswürdig, wenn auch die Absichten und die Integrität der Person stimmig sind. Damit bleibt Glaubwürdigkeit oder Vertrauen nicht eine „Sache des Charakters".

Nehmen wir an, in eurem Unternehmen wird ein Projektleiter für ein sehr spannendes und herausforderndes Projekt gesucht. Da ihr erst seit Kurzem in der Firma seid und noch kein Projekt in dieser Größenordnung geleitet habt, ist es eigentlich eine Nummer zu groß für euch. Ihr meldet euch trotzdem und tut euer Interesse und eure Motivation kund, die Verantwortung für dieses Projekt übernehmen zu wollen. Stellt euch vor, eure Führungskraft schenkt euch dieses Vertrauen. Und zwar uneingeschränkt! Ihr werdet nicht mehr kontrolliert als andere Projektleiter, ihr genießt die gleichen Rechte und Pflichten wie eure Kollegen. Euer Projektauftraggeber vertraut euren Absichten und Fähigkeiten und auch darauf, dass ihr zu ihm kommen werdet, sind Probleme im Anmarsch. Würde euch dieser Vertrauensvorschuss nicht verpflichten? Würdet ihr nicht alles in eurer Macht Stehende tun, um hier die entsprechenden Ergebnisse zu erzielen? Und stellt euch vor, es gelänge euch auch! Wäre hier für eure Zusammenarbeit nicht ein unglaublicher Nährboden des Vertrauens geschaffen? Wer Vertrauen schenkt, dem wird Vertrauen entgegengebracht.

Es bedarf also des Selbstvertrauens, den entscheidenden Schritt zu gehen, und –
wie Sprenger es nennt – des Mutes, „sich verwundbar" zu machen, um den Vertrau-
ensmechanismus in Gang zu setzen.

Um auf unser Beispiel zurückzukommen: Gehe ich aktiv auf meinen Vorgesetzten
zu und signalisiere ich, dass ich das Projekt leiten will, lehne ich mich natürlich weit
aus dem Fenster. Ich weiß um das Risiko, scheitern zu können. Ich mache mich
verwundbar. Ebenso ergeht es eurem Vorgesetzten, der mit der Entscheidung, dieses
Projekt einem unerfahrenen Projektleiter zu geben, eben nicht auf Nummer sicher
geht, sondern das Risiko in Kauf nimmt, eine Fehlentscheidung zu treffen. Auch er
macht sich verwundbar. Dieses Verhalten signalisiert Selbstvertrauen. Sich aber
auch des Risikos bewusst zu sein und einzuschätzen, ob es der eigenen Persönlichkeit dienlich ist, nennt man Eigenverantwortung.

Eigenverantwortung kann der Kontrollmechanismus sein, der uns davor bewahrt, von Vertrauen überflutet und somit überfordert zu werden. Die Verantwortung
für sein eigenes Wohlergehen ernst zu nehmen, ist wichtig, setzt allerdings Selbsterkenntnis voraus. Selbstverständlich muss ich mir meiner Fähigkeiten und Grenzen bewusst sein, will ich abwägen und entscheiden können, ob mir eine Situation
dienlich ist oder nicht.

„Wenn Sie Vertrauen geben, flutet es zurück", schreibt Sprenger. (Sprenger
2013) Damit dieser Fluss aufrechterhalten bleibt, bedarf es allerdings mehr als einer
einmaligen Aktion. Dabei sind es eure Taten, die einen Unterschied machen. Gute
Vorsätze, positive Einstellungen sind wichtig. Entscheidend dafür, ob euch jemand
sein Vertrauen entgegenbringt, sind allerdings eure Taten. Stephen Covey hat 13
Vertrauensregeln entwickelt, die seiner Meinung nach maßgeblich dafür verantwortlich sind, ob Vertrauen in einer Beziehung, egal ob beruflich oder privat, Be-
stand haben kann (Covey 2009):

- Sei ehrlich, sag die Wahrheit, manipuliere und verzerre keine Fakten!
- Zeige Respekt! Nimm andere wirklich wichtig und respektiere ihre Würde!
- Schaffe Transparenz! Verzichte auf versteckte Agenden und Heimlichkeiten!
- Mache Deine Fehler wieder gut! Entschuldige Dich, wenn Du im Unrecht bist!
- Sei loyal! Rede immer so über andere, als wären sie anwesend!
- Liefere Ergebnisse! Zeige Engagement und halte Dich an Zeitpläne und Budget!
- Verbessere Dich! Nimm Feedback mit Demut an und richte Dein Handeln danach!
- Stelle Dich der Realität und steck den Kopf nicht in den Sand!
- Kläre Deine Erwartungen und sprich offen darüber!
- Übernimm Verantwortung für Deine Ergebnisse, auch wenn etwas schiefgeht!
- Höre zuerst zu, bevor Du sprichst, und nimm nicht an, dass Du weißt, was der
  andere sagen will.

- Halte Deine Versprechen und achte darauf, dass Du Versprechen gibst, die Du einhalten kannst.
- Schenke anderen Dein Vertrauen!

▶ Für euer privates und berufliches Leben wünsche ich euch Menschen, die euch mit Vertrauen begegnen und euch dazu ermutigen, Dinge zu tun und Entscheidungen zu treffen, die euch ein gehöriges Maß Vertrauen in euch selbst und eure Umwelt abverlangen. Ich wünsche euch diese positiven Erfahrungen, die entstehen können, wenn sich Menschen öffnen. Vielleicht ist es eurer Generation möglich, wieder etwas mehr Vertrauen in diese Welt zu bringen.

Scheut nicht vor Verpflichtungen zurück. Sie zeugen von eurer Bereitschaft zu Verantwortungsübernahme. Wer Verantwortung für sich und andere übernimmt schöpft Vertrauen. Wer Vertrauen schenkt, dem flutet es zurück. Eure Eigenverantwortung schützt euch vor Verletzung.

Führungskompetenz – Verantwortung übernehmen

„Führungsverantwortung – nein danke." Das ist das Resümee, zu dem zahlreiche Studien über die Haltung eurer Generation zum Thema Führung (so beispielsweise das „Manager Barometer 2014/15" des Odgers Berndtson Instituts), kommen. Immer wieder schreiben Medien über die „führungsmüde Generation".

Teilweise begründen Experten diese Aussage mit eurer Zurückhaltung, Einschnitte in eurem persönlichen Leben aufgrund einer übermäßigen Arbeitslast hinzunehmen, die Führungsverantwortung mit sich bringen würde,. Diese Zurückhaltung bestätigt auch eine Studie aus dem Jahr 2013, die das international tätige Beratungsunternehmen PricewaterhouseCoopers gemeinsam mit der University of Southern California und der London Business School durchführte. 71 Prozent der befragten Millennials waren der Ansicht, dass sich die Anforderungen am Arbeitsplatz negativ auf ihr Privatleben auswirken. Im Vergleich zu früheren Generationen ist eure Generation weniger dazu bereit, der Arbeit stets oberste Priorität einzuräumen – auch dann nicht, wenn ein entsprechender Ausgleich in Aussicht gestellt wird. (Moritz 2015)

Ebenso wenig ist eure Generation gewillt, in einer Atmosphäre starrer Hierarchien und bedingungsloser Ergebnisorientierung zu arbeiten. Eure Generation will eine Teamkultur, die individuelle Möglichkeiten für interessante Tätigkeiten und Weiterentwicklung offen lässt. Die klassische Führungsrolle, die von Machtausübung durch hierarchische Höherstellung und Delegation von Aufgaben geprägt war, steht mit eurer Erwartungshaltung im Konflikt.

Aus meiner Sicht ergibt sich diese angebliche Zurückhaltung eurer Generation bei der Übernahme von Führungsverantwortung aus dem Zusammentreffen eurer modernen Erwartungshaltung gegenüber Arbeit und den teilweise noch alten Strukturen und Vorstellungen in Unternehmen. Jemand, der eure Generation sehr detailliert studiert hat, ist Jutta Rump, Professorin und Leiterin des Instituts für Employability in Ludwigshafen. In einem Interview erklärte sie mir, warum sie die Zurückhaltung eurer Generation so gut verstehen kann: „Das Aufwachsen der Generation Y war geprägt von Partizipation, einer transparenten Informations- und einer offenen Feedbackkultur. Führen in traditionellen Strukturen würde für viele dieser Generation einem Verbiegen, einer Missachtung ihrer Werte gleichkommen." (Rump 2015)

Die Harvard-Professorin und erfolgreiche Buchautorin Barbara Kellermann sieht hier unbedingten Bedarf in einer Neuorientierung von Führung. Für Kellermann unterliegen Führungspositionen einem enormen Wandel: „Führungskräfte verlieren im Allgemeinen mehr und mehr an Macht und Einfluss, und ihre Anhänger und andere Akteure gewinnen im Gegenzug beides dazu." (Kellermann 2015) Hinzu kommt ein höchst dynamisches Umfeld, geprägt durch einen kulturellen, strukturellen und technologischen Wandel, in dem sich jedes Unternehmen und damit auch jede Führungskraft befindet. Die Zeiten des klassischen „alpha-males" sind vorbei, die Verlagerung von Macht und Einfluss verlangt den Führungskräften neue Fähigkeiten ab. Für Barbara Kellermann sind es dabei vor allem zwei Fähigkeiten, die die Führungskraft der Zukunft besitzen muss: zwischenmenschliche Fähigkeiten und emotionale Intelligenz. Darüber hinaus tritt die Fähigkeit, seine Mitarbeiter motivieren zu können, ins Zentrum. „Wenn sie nicht auf ihre (Mitarbeiter-)Bedürfnisse und Wünsche eingehen, wie können sie sie dann motivieren, ihnen zu folgen?", fragt Barbara Kellermann, die den Faktor „Macht" als Mittel zum Führen für immer unbedeutender hält. (Kellermann 2015)

Die Führungskräfte von morgen werden demnach mit den klassischen Manager Skills von gestern nicht mehr lange bestehen können. Für Wolfgang Jenewein, Professor an der Universität St. Gallen, ist die Grundvoraussetzung für jede erfolgreiche Führungspersönlichkeit das Mögen von Menschen. „Mögen Sie Menschen wirklich?", fragt Jenewein. (Jenewein 2015) So banal die Frage klingen mag und so schnell wohl jeder Gefragte, der sich nicht selbst als Außenseiter betrachtet, mit einem überzeugten „Na klar!" antworten wird, so sehr ist sie es wert, darüber nachzudenken. Geht es nach Jenewein, reicht es nicht aus, gerne in Gesellschaft zu sein. Für Jenewein braucht es ehrliches Interesse an seinem Gegenüber, Offenheit und Neugier, den Willen, die Perspektive des anderen zu verstehen, und den ehrlichen Wunsch, die Bedürfnisse und Wünsche seines Gegenübers ernst zu nehmen. Nur dann werden Führungskräfte in der Lage sein, „andere Menschen aktivieren zu können und gleichzeitig ein Umfeld zu schaffen, in dem man sich wohlfühlt und Ideen entstehen können", so Jenewein. (Jenewein 2015)

Für mich persönlich wird und muss der Trend des Empowerments, wie in Kap. 2.4 beschrieben, einen wesentlichen Einfluss auf das Führungsverhalten künftiger Führungskräfte haben. Junge Arbeitnehmer wollen selbstverantwortlich, ausgestattet mit einem gewissen Entscheidungsrahmen arbeiten. Führungskräfte müssen ihnen dieses Vertrauen entgegenbringen, wollen sie den Kampf um die guten Arbeitskräfte nicht verlieren.

Neben der Grundvoraussetzung der Menschenliebe bedarf es – wie auch Barbara Kellerman erläuterte – zwischenmenschlicher Fähigkeiten, also sozialer Skills.

▶ Erinnern wir uns an die zu Beginn dieses Kapitels vorgestellte Definition von sozialer Kompetenz: „Der Hauptgesichtspunkt sozialer Kompetenz ist, dass das Individuum aktiv bestimmt, was er oder sie in einer sozialen Situation will, und ferner die Fertigkeiten besitzt, die individuell definierten Ziele im Kontext bestimmter sozialer Situationen zu verwirklichen." (Wrubel 1981) Die Definition verrät bereits, worauf es beim Führen letzten Endes ankommt: auf das Verwirklichen von Zielen bzw. das Generieren von Ergebnissen. **Denn nach wie vor gilt: Chef ist derjenige, der mithilfe anderer Ergebnisse erzielen kann.**

Dass Führungspersonen diese Ergebnisse nicht mehr allein durch Macht und Einfluss erreichen können, wird immer wieder aufs Neue offensichtlich. Denkt nur an die Politik – Politiker, sofern sie nicht autoritär regieren, sind kaum noch in der Lage, Dinge durchzusetzen, wenn ihnen die Unterstützung ihrer Partei, ihrer Koalitionspartner oder anderer Verbündeter fehlt. Kooperation durch Macht und Druck zu erlangen, ist erfreulicherweise immer seltener möglich. Es bedarf neuer Methoden. Nicht zuletzt deshalb sehen immer mehr Management-Querdenker und Führungsexperten Vertrauensfähigkeit als entscheidende Führungskompetenz. Vertrauen fördert Akzeptanz. Für Stephen Covey ist daher jeder, der eine Führungsposition anstrebt, gefordert, seine persönliche Vertrauensfähigkeit zu prüfen (siehe dazu auch das Kapitel Vertrauen). Dabei sind für Covey vor allem die folgenden Fragestellungen zielführend (Covey 2009):

- Weiß ich, wie ich Vertrauen aufbauen kann, und verhalte ich mich entsprechend?
- Bemühe ich mich darum, mich so zu verhalten, dass Vertrauen entsteht?
- Gehe ich mit anderen so um, dass Vertrauen entsteht?
- Weckt mein persönlicher Stil bei anderen Personen Vertrauen?

a. *Vorbildwirkung erzeugt Akzeptanz*
Akzeptanz erreicht man unter anderem durch eine entsprechende Vorbildwirkung und einen angemessenen Umgang mit seinem Team. Für Letzteres maßgeblich ist

die persönliche Kommunikationsfähigkeit. Mein persönliches Kommunikationsverhalten kann wesentlich dazu beitragen, ein offenes, wertschätzendes Arbeitsklima zu erzeugen (mehr zur Kommunikationsfähigkeit am Beginn dieses Kapitels).

Gerade aufgrund einer Verflachung der Hierarchien und eines entsprechend geänderten Machtgefüges zwischen dem Leader und seinem Team bin ich überzeugt, dass sich die Vorbildwirkung des Leaders entscheidend auf dessen Akzeptanz auswirkt. Wie kann eine Führungspersönlichkeit Begeisterung für eine Sache entfachen, wenn sie selbst keine verspürt? Wie groß wird die Motivation der Mitarbeiter sein, in intensiven Zeiten diese Extra-Meile zu gehen, wenn der Chef selbst nicht als Vorbild vorangeht? Und wie kann er Zusammenarbeit und gegenseitige Rücksichtnahme im Team erwarten, wenn ihn selbst der Teamgeist noch nicht eingeholt hat und er keinen Rückhalt für die Teammitglieder bietet?

b. *Akzeptiertes Führungsverhalten bringt Vertrauen*

Geht die Führungsperson allerdings als gutes Beispiel voran, kann sie ihr Team motivieren und mobilisieren. Darüber hinaus wirkt die vorgelebte Haltung vertrauensbildend auf die Geführten. Ich signalisiere meinem Team, dass meine Ideologien, meine Werte mit meinem Verhalten übereinstimmen. Meine Mitarbeiter lernen mich einzuschätzen, sie lernen, mir zu vertrauen. Und was kann einer Führungspersönlichkeit Besseres passieren!!

Für Covey beginnt gelebte Führungskompetenz bei der Vorbildwirkung. Bedauerlicherweise scheitern bereits hier die meisten Führungskräfte! Habe ich hingegen durch meine Vorbildwirkung ein Klima des Vertrauens geschaffen, können die weiteren, sehr wichtigen Führungsrollen zum Tragen kommen. Ist diese Basis gelegt, kann der Visionär das Unternehmen zu neuen Ufern führen und der Koordinator die Fäden entsprechend ziehen. Schließlich und endlich bedarf es der Rolle des Coaches, der das Miteinander insofern fördert, indem er Mitarbeiter auf ihren persönlichen Berufsweg begleitet.

Dass Führung auch viel Verantwortung mit sich bringt, ist offensichtlich. Führende übernehmen nicht nur Verantwortung für vereinbarte Kennzahlen oder betriebswirtschaftliche Entscheidungen, sondern auch soziale Verantwortung für ihre Mitarbeiter.

c. *Vertrauen spiegelt Integrität wider*

Vertrauen wird insbesondere dann zum unbezahlbaren Trumpf, wenn Veränderungen im Unternehmen anstehen. Als Führungskraft von morgen bewege ich mich in einer höchst dynamischen Welt, die fortwährend Veränderungen mit sich bringt. Offenheit für diese Veränderungen ist Voraussetzung für jede Führungskraft. Umso wichtiger erscheint es mir, dass es Führungskräfte von morgen schaffen, mit den Umwelten, innerhalb derer sie agieren, in Kontakt zu bleiben. Eine dieser Umwelten ist das geführte Team. Äußert ein werdender Vater dieses Teams den Wunsch, ein halbes

Jahr in Elternzeit zu gehen, kann darauf nicht mehr mit schlichter Abwehrhaltung reagiert werden. Vielmehr muss die Führungskraft signalisieren, das Bedürfnis des werdenden Vaters zu verstehen und natürlich unter Rücksichtnahme der Gesamtsituation des Unternehmens eine gemeinsame Lösung zu finden.

Der verantwortungsvolle und berechenbare Umgang mit den Mitarbeitern erzeugt Orientierung und Vertrauen. Der sozialkompetente Umgang mit den berechtigten Interessen der Mitarbeiter erzeugt Integrität und gelebte Wertschätzung.

Jutta Rump sieht Unternehmen hier in ihrer Pflicht, entsprechende Modelle anzubieten, kennt die Herausforderungen allerdings selbst. „Natürlich bin ich als Führungskraft nicht glücklich darüber, wenn mir ein Mitarbeiter eröffnet, er würde gerne ein Sabbatical antreten. Allerdings sehe ich es als keine zeitgemäße Lösung, diesem Mitarbeiter zu erklären, dass das aufgrund der Arbeitslast in unserem Institut nicht möglich sei. Vielmehr muss ich mich darum bemühen, eine Lösung zu finden – die womöglich ein Entgegenkommen von beiden Seiten verlangt. Letzten Endes habe ich als Arbeitgeber aber keine andere Wahl – eine sture Haltung in diesen Belangen würde meinem Ruf als Arbeitgeber schaden." (Rump 2015)

Die Frage, ob ich Führungsverantwortung übernehmen will, sollte zu Recht wohl überlegt beantwortet werden. Eure Generation scheint diese Frage ernst zu nehmen, entscheidet sich zu meinem Bedauern allerdings zu häufig dagegen. Ihr liegt vollkommen richtig, Führungsverantwortung nicht nur aufgrund der Anerkennung, des Machtgewinnes oder des finanziellen Mehrwertes, die eine Beförderung mit sich bringen, anzunehmen. Ihr liegt auch darin vollkommen richtig, euch zu fragen, ob die Führungskultur im Unternehmen euren Vorstellungen entspricht und eure Persönlichkeit dafür geschaffen ist. Ihr dürft aber auch das Vertrauen haben, Führung neu gestalten zu können. Was es dazu braucht, ist eure Bereitschaft, Führungsverantwortung zu übernehmen. Ich würde mich darüber freuen, weil ich überzeugt davon bin, dass eure Generation damit wesentlich zur positiven Weiterentwicklung von Organisationen beitragen könnte.

3.3   Management Skills

Selbst die kritischsten Stimmen bekennen, die Generation Y ist die am besten ausgebildete Bevölkerungskohorte, die den Arbeitsmarkt jemals betreten hat. Kritisiert wird da schon eher in Richtung Lebenseinstellung, Persönlichkeitsbildung und Durchhaltevermögen. Ich selbst teile die Meinung mit den vielen Experten, dass eure Generation in puncto Ausbildung sehr gut für die Arbeitswelt von morgen gewappnet ist. Aus diesem Grund klammere ich das Kompetenzfeld fachliche Skills aus und halte das Kapitel Management Skills auch sehr kurz.

Klar ist zudem, dass es für Unternehmen mehrere Managementdisziplinen zu berücksichtigen gilt, um künftig Erfolg zu haben. Wie erwähnt sind professionelles Innovationsmanagement und Talentemanagement wichtige Kriterien für den Unternehmenserfolg der Zukunft. Eine weitere Managementdisziplin, die ich in diesem Buch erwähnt habe, betrifft das Konfliktmanagement. Auch Change-Management-Aspekte wurden vereinzelt thematisiert. Für all diese Managementthemen bedarf es gut ausgebildeter Mitarbeiter, die in der Lage sind, zumindest gewisse Mindeststandards in der jeweils geforderten Qualität im Sinne der gesamten Organisation aufrecht zu erhalten.

Wie in Kap. 2 bereits ausführlich erläutert, wird sich Projektarbeit mehr und mehr zur gängigen Arbeitsform entwickeln. Nur die Arbeit in Projekten kann den Anforderungen einer höchst dynamischen Wirtschaftswelt gerecht werden. Dementsprechend halte ich diese Management-Kompetenz für die mit Abstand wichtigste unserer Arbeitswelt von heute und morgen.

Ich thematisiere daher in diesem Kapitel genau genommen nur eine Fähigkeit, die mir persönlich sehr am Herzen liegt: die Projektmanagement-Kompetenz.

▶ Die zunehmende Projektorientierung in Unternehmen wird es notwendig machen, dass jeder höher qualifizierte Arbeitnehmer Projektmanagement-Kompetenz vorweisen kann.

Mit Projektmanagement-Kompetenz herausfordernde Aufgaben meistern
Als ich mich 2004 zum Senior-Projektleiter zertifizieren ließ, war ich einer unter wenigen. Damals musste man sich als Projektleiter noch erklären. Kaum jemand konnte sich vorstellen, was ein Projekt wirklich ist und wie es möglich sein kann, dass man als Projektmanagement-Berater unterschiedlichen Unternehmen Hilfestellung leisten kann. Heute ist die Verwunderung geringer, das Verständnis jedoch nicht unbedingt größer, da mittlerweile zu viele Tätigkeiten als Projekt betitelt und die Bezeichnung Projektmanager geradezu inflationär verwendet wird.

Während Projekte vor einigen Jahrzehnten noch vorwiegend im Militär und in der Baubranche zu finden waren, gehören Projekte mittlerweile in unterschiedlichsten Wirtschaftszweigen und verschiedensten Unternehmensbereichen zum Tagesgeschäft. Aus der Informations- und Kommunikationstechnologie, der Organisationsentwicklung, der Produktentwicklung, dem Marketing, der Forschung und der Politik sind Projekte beispielsweise nicht mehr wegzudenken.

Für den Arbeitnehmer bedeutet dieser Trend, dass ein Mindestmaß an Projektmanagement-Kompetenz zur Grundvoraussetzung wird. In meiner Arbeit mit vielen jungen Arbeitnehmern nehme ich erfreulicherweise breites Interesse und eine offene Grundstimmung zur Arbeit in Projekten wahr. Zu Recht! Bringt Projektarbeit doch in den meisten Fällen herausfordernde Aufgaben, komplexe gruppendynamische

Prozesse und eine Herausforderung fern der alltäglichen Routinetätigkeiten mit sich. Sie entspricht demnach in vielen Fällen den Anforderungen eurer Generation!

Die Projektmanagement-Ausbildung wird von Standards der großen Zertifizierungs-institutionen dominiert. Diese haben im Laufe der letzten Jahrzehnte versucht, das Berufsbild des Projektleiters (oder -managers) über erforderliche Kompetenzen zu definieren sowie es mittels einer standardisierten Zertifizierung zu etablieren und vergleichbar zu machen. Die zwei größten Zertifizierungsinstitutionen sind:

- International Project Management Association (IPMA®)
- Projekt Management Institute (PMI®)

Der im deutschen Sprachraum am weitesten verbreitete Standard ist jener der IPMA. In Deutschland wurden bis dato über 30 000 Zertifikate ausgestellt, in Österreich über 10 000. Die IPMA gestaltet somit maßgeblich die Projektmanagement (PM)-Landschaft in Deutschland, Österreich und der Schweiz und soll aus diesem Grund auch als Referenz für die erforderlichen Kompetenzen eines Projektleiters herangezogen werden. Darüber hinaus werden meine persönlichen Erfahrungen einfließen, die ich im Laufe meiner zahlreichen Projektleiter-Trainings gemacht habe.

Die erforderlichen Kompetenzen für Projektleiter nach den Standards der IPMA sind in der ICB 3.0 (International Competence Baseline) festgehalten. Diese Kompetenzen werden bei der Zertifizierung durch die jeweiligen Zertifizierungsstellen geprüft und bewertet.

Die IPMA sieht 46 Kompetenzelemente vor, die in nachfolgende drei Bereiche gegliedert sind (s. Abb. 3.9): PM-technische Kompetenzen (20 Elemente), Verhaltenskompetenzen (15 Elemente) und Kontext-Kompetenzen (11 Elemente).

Ist es meine Aufgabe, ein komplexes Projekt (oder Programm) zu leiten, sind somit neben hervorragenden PM-technischen Kompetenzen auch entsprechende PM-Kontext Kompetenzen und PM-Verhaltenskompetenzen gefordert. Neben der zentralen Aufgabe eines Projektleiters, die vereinbarten Ziele innerhalb der vereinbarten Rahmenbedingungen (Budget, Ressourcen, Zeit) umzusetzen, ist es auch erfolgskritisch, in der Lage zu sein, sein Team zu führen. Ein Projektteam besteht in häufigen Fällen aus Personen unterschiedlicher Abteilungen, manchmal sogar unterschiedlicher Standorte, Nationalitäten oder Unternehmen. Diese zusammengewürfelte Gruppe muss durch einen Teambildungsprozess geführt werden, den der Projektleiter unbedingt unterstützen und führen muss. Die geforderten Fähigkeiten gehen hierbei von einer wertschätzenden Grundhaltung gegenüber

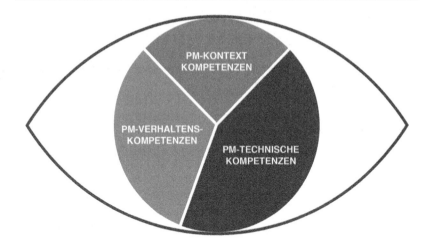

Abb. 3.9 Das Kompetenzauge der IPMA. Quelle: IPMA®

seinen Teammitgliedern, über das Potenzial ein Team zu motivieren bis hin zur Durchsetzungskraft, Konfliktmanagement und Verhandlungsgeschick. (s. Abb. 3.9)

Die PM-technischen Kompetenzelemente umfassen jenes Wissen und jene Fähigkeiten, die notwendig sind, um ein Projekt zu initiieren, zu starten, durchzuführen und zu einem Abschluss zu bringen. Voraussetzung dafür ist eine solide Kenntnis der Projektmanagement-Methoden und -Prozesse. Wie plane ich Leistungen, Kosten, Ressourcen und Termine? Wie stelle ich sicher, dass mein Fortschritt dem Planungsfortschritt entspricht? Wie kann ich relevante Umwelten berücksichtigen?

Die PM-Verhaltenskompetenzen beziehen sich auf das persönliche Verhalten und die sozialen Fertigkeiten des Projektleiters. Die Funktion des Projektleiters ist eine Führungsposition, die somit jene Fähigkeiten fordert, die auch Führungskräfte aufweisen müssen. Im Unterschied zu Führungskräften der Linie stehen Projektleiter außerdem vor der Herausforderung, gewöhnlich keine personelle Macht über die Teammitglieder zu haben. In den meisten Projektorganisationen sind Projektteammitglieder personell nach wie vor ihrer Führungskraft unterstellt – der Projektleiter lenkt sein Team also zielorientiert, projektbezogen. Anders als in der Linienorganisation hat er kein vertikales, personales Disziplinierungsrecht. **Das „Ober-sticht-Unter-Prinzip" gilt hier nicht mehr.**

▶ Umso wichtiger ist es für den Projektleiter, vom Team akzeptiert zu werden. Wie in den vorangegangenen Kapiteln erklärt, sind dafür eine hohe Selbstkompetenz, ein authentisches, vertrauenserweckendes

Auftreten und der erkennbare Wille zum Führen und zur Übernahme
der Verantwortung vonnöten. Darüber hinaus ist eine hohe Kommuni-
kationskompetenz genauso erforderlich wie Konfliktfähigkeit. Kurzum:
Für mich sind alle im Vorfeld dieses Kapitels vorgestellten Key Skills
erfolgskritisch für Projektleiter.

Die PM-Kontext-Kompetenzen beschreiben die Fähigkeiten des Projektmanagers
im Umgang mit der Organisation des Linienmanagements und seine Fähigkeit, in
einer projektorientierten Organisation zu arbeiten. Traditionell zählte man die sogenannte fachliche Kompetenz des Projektleiters, also das fachliche Wissen des
Projektleiters um den Projektgegenstand (z. B. IT-Know-how bei IT-Projekten,
technisches Know-how bei Produktentwicklungs-Projekten etc.) ebenfalls zu dieser Kompetenzgruppe. Die Notwendigkeit von Fachwissen bei Projektleitern ist
immer wieder Diskussionsstoff. Manche Projektmanagement-Experten argumentieren, dass professionelles Projektmanagement universell und generisch einsetzbar sei. Sie betrachten Fachkompetenz für Projektleiter als nicht unbedingt
notwendig. Diese Argumentation wird häufig mit Erfahrungswerten bei einzelnen
Projekten untermauert.

Dieser Meinung kann ich mich nicht anschließen. Ich stimme zwar zu, dass
Projektleiter keine fachlichen Experten sein müssen, im Gegenteil, dies sogar hinderlich für ihre Projektleiter-Tätigkeiten sein kann. Meine Erfahrungen haben mir
allerdings gezeigt, dass ein gemeinsamer fachlicher Background des Projektleiters
und des Projektteams förderlich ist, wenn es darum geht, eine gemeinsame Sprache
zu sprechen. Zudem beeinflusst die Fachkenntnis des Projektleiters enorm dessen
Akzeptanz im Team. Muss diese hinterfragt werden, ist Akzeptanz viel schwieriger
zu gewinnen.

Zu Recht! In Projekten reden wir von Zukunft. Wir planen mit Schätzwerten. Wie
soll ein Projektleiter nachhaltige Akzeptanz im Team finden, wenn er in der Materie
gänzlich unbedarft ist? Wie soll er ernsthaft ein Controlling durchführen, wenn er die
Belastbarkeit der Schätzdaten nicht seriös hinterfragen kann? PM-technische
Kompetenzen und PM-Verhaltenskompetenzen können in diesem Fall zwar helfen,
ein gänzliches Fehlen an Fachkompetenz allerdings nicht kompensieren.

Um in einer dynamischen Arbeitswelt, die immer häufiger in Projekten organi-
siert sein wird, bestehen zu können, empfehle ich zuallererst Offenheit für diese
Arbeitsform. Kaum jemand startet als Projektleiter.

▶   Fachliche und soziale Kompetenzen unter Beweis stellen könnt ihr
     zunächst als Projektteammitglied. Voraussetzung dafür ist die Bere-
     itschaft zur Verantwortungsübernahme. Scheut nicht davor zurück,
     Verantwortung für Arbeitspakete zu übernehmen. Eure Bereitschaft

und eure kompetente Arbeit werden Vertrauen bei euren Projekt-
teammitgliedern und eurem Projektleiter erzeugen. So bleibt eure
erste Projektleitung nur eine Frage der Zeit. Selbst wenn Ihr keine
Ambitionen habt, Projekte zu leiten, so werdet ihr in einer projektge-
triebenen Arbeitswelt nicht mehr ohne Projektmanagement-Know-
how auskommen.

Projektmanagement-Know-how (bzw. projekttechnische Kompetenzen) erwerbt
ihr euch im Idealfall über entsprechende Lehrgänge. Größere Unternehmen bieten
dies sogar häufig über einen unternehmenseigenen Campus an. Um persönlich den
größtmöglichen Nutzen aus einer Projektmanagement-Ausbildung zu ziehen, ist
eine Zertifizierung empfehlenswert. Eine Zertifizierung ist nicht unternehmens-,
sondern personenbezogen. Damit weist ihr je nach Level ein bestimmtes Maß an
Projektmanagement-Know-how und Erfahrung nach, bestätigt durch eine neutrale
Stelle. Welcher der zwei Zertifizierungsstandards (IPMA, PMI) am besten zu euch
passt, ist im Einzelfall zu klären.

Ein wichtiger Trend im Projektmanagement ist das agile Projektmanagement.
Agiles Projektmanagement beschreibt eine Summe von Projektmanagement-
Methoden, die ihren Ursprung in der Software-Entwicklung haben. Typisch für
agile Projektmanagement-Methoden ist ein iteratives, inkrementelles Vorgehen. Im
Unterschied zum herkömmlichen Projektmanagement-Vorgehen zeichnet sich ein
agiles Vorgehen durch eine unvollständige, weniger stringente Planung vor allem
zu Projektbeginn aus. Agiles Projektmanagement gewinnt aufgrund der hohen
Dynamik der Märkte immer mehr an Bedeutung, da es ein unmittelbares Reagieren
auf Kundenwünsche, -anforderungen oder -änderungen erlaubt.

Wie eingangs erwähnt, bin ich seit 2004 zertifizierter Senior Projektmanager
(IPMA Level B[®5]). Unter anderen war es meine Zertifizierung, die es mir möglich
machte, verschiedene Rollen in Projekten besetzen zu können. Ich leitete Projekte als
Projektleiter und begleitete sie als Coach oder Berater. Mein Berufsleben wurde dadurch schon als Angestellter abwechslungsreicher. 2008 machte ich mich als Berater
und Management Trainer selbstständig und konnte seither Dutzende Unternehmen
kennen lernen und Hunderte Vertreter der Generation Y ausbilden.

3.4   Das Würzburger Kompetenzmodell – der Weg zur erfüllten Karriere

*In jedem lebt ein Bild des, was er werden soll, solange er das nicht ist, ist nicht sein Frieden
voll. (Angelus Silesius)*

---

[5] IPMA Level B is a registered trademark of IPMA in Switzerland and other countries

Die im Kapitel „Key Skills für eine erfüllte Karriere" beschriebenen Kompetenzen sind als Richtungsweiser auf dem Weg zu einer erfüllten Karriere speziell in
unserer heutigen dynamischen, vernetzten Wirtschaft zu verstehen. Sie sollen euch
auf eurem höchst individuellen Weg Orientierung geben.

▶   Das Würzburger Kompetenzmodell stellt den Zusammenhang zwischen
      den Kernkompetenzen und einer erfüllten Karriere dar. Es bildet den
      Weg von eurem einzigartigen Selbst über euer individuelles, sozialisier-
      tes Ich ab und führt über die Selbstkompetenz zur erfüllten Karriere. Als
      äußerste Dimension rückt es zudem die Frage nach dem Lebenszweck
      ins Blickfeld. (s. Abb. 3.10)

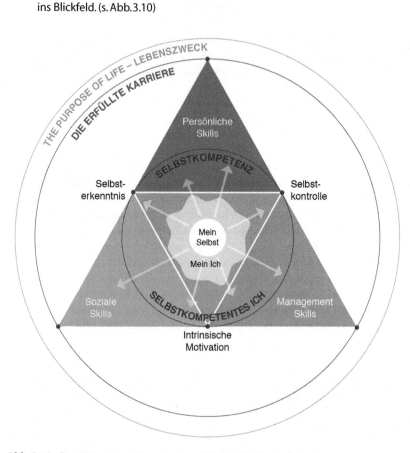

Abb. 3.10 Das Würzburger Kompetenzmodell. Quelle: Rechte beim Autor

Die Theorie hinter dem Kompetenzmodell geht davon aus, dass schon von Geburt an alle Talente und Potenziale für eine erfüllte Karriere und auch für ein erfülltes Leben im Innersten - „Mein Selbst" - angelegt sind. Der Weg dorthin wird allerdings durch den Kontext – im Sinne der Sozialisiation – stark mitbeeinflusst. Die Theorie geht des Weiteren davon aus, dass die Zukunft selbst gestaltet werden kann.

Die 3 Kreise der Entwicklung
Das Selbst
Euer Selbst steht im Zentrum und symbolisiert euer einzigartiges, unverwechselbares Wesen mit all euren angeborenen Talenten und Fähigkeiten. In eurem Selbst liegt bereits das Potenzial für eine erfüllte Karriere, ja sogar für euren individuellen Purpose of Life verborgen. Jeder von euch ist von Geburt an mit einer Portion Ur-Vertrauen und Energie ausgestattet worden, um in dieser Welt wachsen und bestehen zu können.

Das Ich
Auch wenn jede Generation von Menschen geprägt ist, die ähnliche Erwartungen und Haltungen haben und vergleichbare Erziehungspraktiken erlebten, so erfährt doch jeder Mensch individuell unterschiedliche Einflüsse. Jeder Mensch wird von Geburt an sozialisiert. Gemeinsam mit dem, was ihr genetisch mitbringt, formt das euer Ich.

Durch routinemäßige Verinnerlichung können tiefliegende Verhaltensmuster festgelegt werden, die oft unbewusst unser Leben mitbestimmen. Dies beginnt in der Familie (primäre Sozialisation). Es macht oft einen großen Unterschied aus, ob ihr als Einzelkind oder als Kind mit vielen Geschwistern aufgewachsen oder ob ihr in einer Patchworkfamily bzw. traditionellen Familie mit verheirateten Eltern erzogen worden seid.

Euer „Ich" wird also, bei all den vielen Gemeinsamkeiten, die ihr Ypsiloner habt, dennoch zutiefst individuell geformt. Auf dem Weg zu eurem selbstkompetenten Ich geht ihr möglicherweise Umwege und werdet während eurer Ausbildung oder beruflich vielleicht nicht immer alles problemlos meistern. Auch die Einflüsse eures gewählten Bildungsweges und die Erfahrungen eurer Arbeit beeinflussen euer Ich (sekundäre Sozialisation).

Das selbstkompetente Ich
Es handelt sich in diesem Stadium um eine Persönlichkeit, die in der Lage ist, sich selbst mit ihren Stärken und Schwächen gut einzuschätzen, die ihre Gefühle ernst nimmt, sich aber nicht von ihnen überwältigen lässt und mit einer inneren Motivation ihre Leistung erbringt. Kurz, die ihre eigene Mitte gefunden hat.

Erreichte Selbstkompetenz strahlt Authentizität aus. Sie ist sichtbar und bringt Selbstsicherheit und Zufriedenheit.

Sie ist aber fragil, denn auch selbstkompetente Personen sind von vielen externen Faktoren abhängig. Der Kontext verändert sich im Laufe der Zeit und kann auch selbstkompetente Menschen aus dem Lot bringen. Dies gilt insbesondere in unserem Wirtschaftsleben, wo – wie mehrfach beschrieben – eine außerordentlich hohe Dynamik und Komplexität unsere Arbeit beeinflussen.

Erinnert euch an das Beispiel von Claudia, der Projektleiterin. Sie war immer als souverän in ihrer Arbeit betrachtet worden. Sie tat das, was ihr innerliche Freude bereitete, und sie konnte selbst in Stresssituationen ihre Gefühle noch gut steuern. Als sie das Unternehmen wechselte, kam sie mit der neuen Unternehmenskultur nicht klar. Sie verlor vorübergehend ihre Selbstkompetenz.

▶ Die Schlüssel für das „Tor", um vom (wachsenden) Ich zum erfolgreichen, selbstkompetenten Akteur im Arbeitsleben zu werden, sind also zunächst in der Selbstkompetenz zu suchen.

Die Kompetenzdreiecke: Die notwendigen Skills für eine erfüllte Karriere

a. *Persönliche Skills*
Selbstkompetenz: Das innere Gleichgewicht
Im Kompetenzmodell wird die Selbstkompetenz als innerstes Dreieck abgebildet. Sie ist gleichsam das Fundament für eine erfüllte Karriere.

Wie ihr bereits im Abschn. 3.1 lesen konntet, beinhaltet die Entwicklung zum selbstkompetenten Ich die drei **persönlichen Schlüsselkomponenten: Selbsterkenntnis – Selbstkontrolle – Intrinsische Motivation**.

Es ist eher selten, dass bei jungen Menschen der Weg zur Selbstkompetenz direkt verläuft. In diesen Fällen müssen der Kontext und der eingeschlagene Wachstumspfad von Kindesalter an zusammenspielen. Normalerweise gehen wir Umwege, manchmal auch Irrwege, bis wir Selbstkompetenz und eine erfüllte Karriere erreichen. Der Personenkreis, der einen direkten Weg zur Selbstkompetenz und erfüllten Karriere geht, ist eng gesteckt.

Hierzu zwei Beispiele von Ausnahmetalenten fernab des Wirtschaftskontextes: Mozart konnte von Kindheit an sein besonderes Talent, seine besondere Fähigkeit beruflich ausleben. Er wäre nie zu dem Jahrhundertgenie avanciert, wenn nicht sein Vater Leopold das einzigartige Talent in ihm erkannt und ihn gefördert hätte. Seine vielen Reisen brachten ihm schon als Kleinkind viel Lob, Bestätigung und Anerkennung in seinem Wirken.

Der Ypsiloner Lionel Messi wäre wohl nie zum fünffachen Weltfußballer gewählt worden, wenn er nicht von Kindesalter an in den für ihn idealen Fußballvereinen gespielt hätte, wo seine phänomenalen Talente gefördert wurden.

Im Vergleich zu den meisten Menschen erreichen diese Ausnahmen die Selbstkompetenz in der Regel schneller. Sie tun das, was sie von Kindesbeinen an lernen, sehr gerne. Sie erfahren Tag für Tag, was sie gut und weniger gut gemacht haben und sie trainieren ihre Ich-Steuerung, um im entscheidenden Moment auch die Top-Leistung auf dem Rasen oder eben im Konzertsaal erbringen zu können.

Erfolgreiche, selbstkompetente Menschen sind in der Regel starke Performer. Sie sind stark motiviert in dem, was sie tun. Sie entwickeln eine starke Willenskraft, weil sie „ihr Ding" machen, und sie bekommen ihre Bestätigung in Form von Rückmeldungen und wissen immer ziemlich genau, wo sie gerade in ihrer Leistungsfähigkeit stehen.

Erinnert euch in diesem Zusammenhang an das Modell des Durchhaltevermögens und des Wirkungsgrades der Leistung in Abb. 3.5, wo diese Komponenten aufgelistet sind.

Der überwiegende Teil von uns aber geht den Weg des Suchenden. Erinnert euch an mein Beispiel, als ich nach meinen Studien meine Karriere in einer Versicherung begann und dann zu einer Bank wechselte, um schließlich zur Erkenntnis zu gelangen, dass ich gar nicht der „Zahlenmensch" bin und meine Kollegen sich in diesem Kontext/Umfeld viel wohler fühlten als ich selbst.

Erinnert euch an das Beispiel meines Bruders, der zunächst die Juristenkarriere einschlug, um erst viele Jahre später seinem wohl größten Talent – der bildenden Kunst – den angemessen Stellenwert in seiner beruflichen Laufbahn beizumessen.

Der Weg vom Selbst bis zur Selbstkompetenz und erfüllten Karriere führt eben oft über viele Umwege.

Fragen, die euch auf eurer Suche nach der Selbstkompetenz helfen, könnten lauten: „Was kann ich definitiv besser als andere?", „Was kann ich wirklich gut und mache ich auch sehr gerne?" Fragen wie diese sind Teil des inneren Reifeprozesses, des Wachsens eures eigenen Ichs.

▶ Selbstkompetenz ist also die entscheidende Basis, die es auf dem Weg zu einer erfüllten Karriere zu erreichen gilt. Um die Selbstkompetenz in unserem dynamischen Arbeitsumfeld aufrechterhalten zu können, bedarf es allerdings neben den drei persönlichen Schlüsselkomponenten noch weiterer Persönlicher, Sozialer- und Management Kompetenzen, die euch robust und antifragil werden lassen.

Auch hier sei nochmals an Claudias Karriere erinnert, die trotz des Rückschlages in ihrer neuen Firma die Kraft aufbrachte, den Vorstand zu kontaktieren und in weiterer Folge zur Leiterin des Project Management Office ernannt wurde.

Persönliche Skills wie beispielsweise **Resilienz** können euch bei Schwierigkeiten wieder „zurück in die Spur" bringen. **Durchhaltevermögen** zeichnet erfolgreiche, antifragile Mitarbeiter aus und beinhaltet neben **Resilienz** auch **Volition**. Vergleicht dazu bitte nochmals die Abb. 3.5.

Kluge Entscheidungen treffen zu können, ist u. a. die Kunst, seinen somatischen Markern zu folgen, um sein persönliches Glück ohne zu weite Irrwege bzw. Umwege zu finden. In Bezug auf eure Arbeit möchte ich dabei nochmals an den Arbeitsbegriff von Max de Pree im Abschn. 3.1 „**Entscheidungskompetenz**" erinnern.

b. *Soziale Skills*
In einer Welt, in der nur Einzelsportler und Solokünstler existierten, würden die persönlichen Skills wohl die mit Abstand wichtigsten sein. Menschen mit hohen persönlichen Skills wären hier zur Erreichung der Selbstkompetenz und erfüllten Karriere wohl gut gewappnet.

Ihr lebt aber in einer sehr dynamischen Arbeitswelt, in der kooperiert werden muss und gegenseitige Abhängigkeiten und Vernetzungen zum Tagesgeschäft gehören.

Die im Kapitel 3.2 genannten Sozialen Skills helfen euch, aktiv zu bestimmen, was ihr in einer sozialen Situation wollt, und unterstützen euch dabei, eure individuell definierten Ziele im Kontext sozialer Situationen zu verwirklichen. In unserem vernetzten Arbeitsumfeld braucht ihr Personen, die mit euch zusammenarbeiten und euch unterstützen, gesetzte Ziele (gemeinsam) erreichen zu können. Die wichtigsten sozialen Skills wie Kommunikationsfähigkeit, Konfliktfähigkeit, die Fähigkeit Vertrauensrelationen herzustellen und Leadership machen euch robuster und antifragiler in unserer extrem dynamischen Arbeitswelt.

c. *Management Skills*
Wer beruflich Erfolg haben will, muss neben einer guten, fachlichen Ausbildung auch gewisse Managementtechniken beherrschen. Neben klassischen Managementmethoden traditioneller Unternehmensorganisationen werden vor allem Projektmanagement Skills von vorrangiger Bedeutung sein, wobei Strömungen in Richtung Agilität und Design Thinking zunehmen.

Fazit
Das Ziel einer erfüllten Karriere ist also erreicht, wenn ihr es schafft, Selbstkompetenz im Beruf zu erlangen und die fragile Selbstkompetenz durch die drei wichtigen Kompetenzfelder Persönliche Skills – Soziale Skills – Management Skills in Balance zu halten. Diese drei Kompetenzfelder sind im Kompetenzmodell abgebildet. Sie sind wichtig, da sie euch in der heutigen dynamischen Arbeitswelt viel robuster und antifragiler werden lassen. Im Laufe eurer Karriere können und werden die Anteile der notwendigen Key Skills variieren.

Wer diese drei Zusatzkompetenzen im Beruf mitbringt, wird nicht wegen jeder Schwierigkeit sofort das Feld räumen und woanders sein Glück suchen. Er besitzt in diesem Fall das notwendige „gesunde" Durchhaltevermögen, welches nicht nur den Wirkungsgrad des eigenen Leistungspotenzials erhöht, sondern auch die notwendige Robustheit und Antifragilität in dieser Arbeitswelt stärkt, wie es im Kapitel „Durchhaltevermögen" dargestellt wurde.

Wir erkennen also, dass erfüllte Karrieren einen sehr tiefen Kern haben und jeder von euch, der mit den wesentlichen Skills ausgestattet ist, das notwendige Potenzial in sich hat, die Anforderungen der neuen Arbeitswelt anzunehmen, um seine Arbeit selbstbestimmt, flexibel und erfüllend gestalten zu können.

Der äußerste Kreis: Die Frage nach dem Y (Why)/Lebenszweck
Es ist erkennbar geworden, wie der Weg von eurem Selbst zu einer erfüllten Karriere verläuft.

Eine erfüllte Karriere führt also von eurem ureigenen Selbst über eure individuelle Sozialisation (Ich) zur Selbstkompetenz. Als selbstkompetente Ypsiloner benötigt ihr alle Kompetenzfelder des Kompetenzmodells, um euch auch in unserer dynamischen, vernetzten Arbeitswelt (antifragil) behaupten zu können.

▶   Erfüllte Karrieren sind nach außen hin sichtbar, da sie Selbstkompetenz und damit Zufriedenheit im Arbeitsumfeld ausstrahlen. Sie weisen aber nicht zwingend den direkten Weg zu eurem tieferen Lebenssinn. Dieser kann in einem ganz anderen Betätigungsfeld liegen.

Erfolgreiche Wirtschaftsmagnaten wie Bill Gates haben wohl erfüllte Karrieren hinter sich, sie erkannten aber auch, dass es nicht wirklich der Lebenssinn sein kann, noch eine Milliarde US-Dollar mehr zu besitzen. Sie versuchen stattdessen, ihre finanziellen Möglichkeiten für Bedürftige auf dieser Erde zu nutzen. Die Suche nach dem eigenen Lebenssinn, seinem persönlichen Daseinszweck, hört mit der erfüllten Karriere in der Regel also nicht auf.

Auch euer höchstpersönlicher Lebenszweck wird wohl mit dem Erreichen einer erfüllten Karriere noch nicht erreicht sein, bedingt doch dieser die regelmäßige Frage nach eurem eigenen Y (Why). Dieses Warum ist unmittelbar mit der existenziellen Sinnfrage verbunden. Warum seid ihr auf der Welt? Was gibt eurer Arbeit Sinn? Was ist euer Lebenszweck, eure Berufung?

Erst wenn euch klar wurde, warum euch die selbst gesetzten Ziele so wichtig waren, werdet ihr euer ureigenes Selbst, als den Ausgangspunkt eures Lebens, erkennen.

Ich wünsche Euch ein hohes Maß an Selbstkompetenz, persönlicher, sozialer und Mangementkompetenz, um eurem Purpose of life folgen und eine erfüllte Karriere, trotz möglicher Hindernisse und Rückschläge, leben zu können.

Literatur

Auer, A. (2015). Persönliches Interview, geführt vom Verfasser, Juli 2015.

BBC News. (2014). All human behavior can be reduced to four basic emotions. *BBC News*, 03.02.2014;Zugegriffen am:08.09.2015.http://www.bbc.com/news/uk-scotland-glasgow-west-26019586

Berking, M. (2010). *Training emotionaler Kompetenzen*. Wiesbaden: Springer.

Berndtson, O. (2014). Manager Barometer 2014/15. Vierte jährliche Befragung des Odgers Berndtson Executive Panels in Deutschland, Österreich und der Schweiz. Zugegriffen am 16.09.2015. http://www.odgersberndtson.de/fileadmin/uploads/germany/Documents/Studien/Odgers_Berndtson_Manager-Barometer_2014.pdf

Covey, S. (2009). *Schnelligkeit durch Vertrauen. Die unterschätzte ökonomische Macht.* Offenbach: Gabal.

Czycholl, H. (2015). Eine Frage der Kommunikation. *Die Welt*, 24.07.2015, http://www.welt. de/print/die_welt/wirtschaft/article144383359/Eine-Frage-der-Kommunikation.html

Daniel, G. (2002). *Emotionale Intelligenz*. München: Carl Hanser Verlag.

De Pree, M. (1990). *Die Kunst des Führens*. Frankfurt/New York: Campus Verlag.

Education 21. (2015). Konsumkompetenz der Generation Y. Interview mit Prof. Dr. Klaus Hurrelmann. In: ventuno 02.2015; Zugegriffen am 09.09.2015. http://www.education21. ch/sites/default/files/uploads/ventuno_d/7/Interview_Hurrelmann_ventuno_2_2015_D.pdf

Füchtjohann, J. (2013). Sokrates hätte ein „Like" kassiert. *Süddeutsche Zeitung*, 15.03.2013.

Gallup GmbH (Hrsg.). (2015). Engagement Index Deutschland 2014. Zugegriffen am 03.01. 2016. http://www.gallup.com/file/de-de/181859/Pr%C3%A4sentation%zum%20Engagement%20Index%202014.pdf

Glasl, F. (2010). *Konfliktmanagement. Ein Handbuch für Führungskräfte, Beraterinnnen und Berater*. Bern: Haupt Verlag.

Goleman, D. (2004). Emotionale Intelligenz – zum Führen unerlässlich. *Harvard Business Manager* 27.04.2004.

Holtz, K. L. (1994). *Geistige Behinderung und soziale Kompetenz. Analyse und Integration psychologischer Konstrukte*. Heidelberg: HVA-Edition Schindele.

IPMA International Projektmanagement Association. (2006). ICB – IPMA Kompetenzrichtlinie Version 3.0. Zugegriffen am : 05.10.2015. https://www.p-m-a.at/pma-download/cat_view/227-icb-pm-baseline.html

Jenewein, W. (2015). Mögen Sie Menschen wirklich? *Harvard Business Manager* Spezial 2015, S. 28–29.

Kellerman, B. (2015). Narzisstischer Ansatz. Interview geführt von Ingmar Höhmann. *Harvard Business Manager*, März 2015, S. 92–96.

Lambrecht, M., & Terpitz, K. (2013) Die Kens und Barbies im Business-Outfit werden nur auf Effizienz getrimmt. *Der Tagesspiegel*, 06.10.2013. Zugegriffen am 14.06.2015. http://www.tagesspiegel.de/wirtschaft/personalvorstand-der-telekom-thomas-sattelberger-die-kens-und-barbies-im-business-outfit-werden-nur-auf-effizienz-getrimmt/8889758.html

Loitzl, W. (2015). Persönliches Interview, geführt vom Verfasser, Bad Mitterndorf, August 2015.

Luhmann, N. (2000). *Vertrauen. Ein Mechanismus der Reduktion sozialer Komplexität.* Stuttgart: Enke.

Maxwell, J. C. (2010). *Everyone communicates, few connect. What the most effective people do differently.* Nashville: Thomas Nelson.

Meister, J. (2012). Job hopping is the ‚new normal' for millennials: Three ways to prevent a human resource nightmare. *Forbes Leadership,* 14.08.2012, Zugegriffen am 12.09.2015. http://www.forbes.com/sites/jeannemeister/2012/08/14/job-hopping-is-the-new-normal-for-millennials-three-ways-to-prevent-a-human-resource-nightmare/

Moritz, B. (2015). Wie PWC Millennials bei der Stange hält. *Havard Business Manager,* März 2015, S. 70–75.

Pelz, W. (2014). Volition und Willenskraft Ergebnisse einer empirischen Studie mit 10.045 Teilnehmern von Prof. Dr. Waldemar Pelz; Zugegriffen am 12.09.2015. http://www.thm.de/professor/pelz/images/stories/aktuelles/Willenskraft.pdf

Precht, R. D., & Roth, G. (). Die Ratio allein bewegt überhaupt nichts. *Der Spiegel,* 21.04.2009. Zugegriffen am 02.09.2015. http://www.spiegel.de/spiegel/spiegelwissen/d-65115053.html

Roos, T. (2015). Persönliches Interview, geführt vom Verfasser, Juni 2015.

Rosenberg, M. B. (2010). *Gewaltfreie Kommunikation. Eine Sprache des Lebens.* Paderborn: Junfermann Verlag.

Roth, G. (2008). Mit Bauch und Hirn. *Zeit Online,* 22.11.2008, Zugegriffen am 09.09.2015. http://www.zeit.de/2008/48/M-Schaltstelle-Gehirn

Rump, J. (2015). Persönliches Interview, geführt vom Verfasser, September 2015.

Shell Deuschland Holding (Hrsg.). (2010). Jugend 2010. Eine pragmatische Generation behauptet sich. Zugegriffen am 01.05.2015. http://www.shell.de/aboutshell/our-commitment/shell-youth-study/2010.html

Shell Deuschland Holding (Hrsg.). (2015). Jugend 2015. Zugegriffen am 3.02.2016. http://s01.static-shell.com/content/dam/shell-new/local/country/deu/downloads/pdf/flyer-zur-shell-jugendstudie-2015-auf-deutsch.pdf

Shifrin, M. (2013). An interpretive dance for my boss set to Kanye West's gone. In Youtube, 28.09.2013, Zugegriffen am 12.09.2015. https://www.youtube.com/watch?v=Ew_tdY0V4Zo

Sprenger, R. K. (2013). *An der Freiheit des anderen kommt keiner vorbei.* Frankfurt: Campus.

Storch, M. (2011). *Das Geheimnis der klugen Entscheidungen. Von Bauchgefühl und Körpersignalen.* München: Piper Verlag.

Strehle, V. (2015). Persönliches Interview, geführt vom Verfasser, Mai 2015.

Schulz von Thun, F. (2015). Das Kommunikationsquadrat. Zugegriffen am 23.09.2015, http://www.schulz-von-thun.de/index.php?article_id=71&clang=0

Weiguny, B. (2010). Generation 30. *Frankfurter Allgemeine Sonntagszeitung,* 23.05.2010, S. 41–46.

Wirtz, M. A. (Hrsg.). (2014). *Lexikon der Psychologie* (17. Aufl.). Bern: Hans Huber Verlag.

Wrubel, J., Benner, P., & Lazarus, R. S. (1981). *In Wine & Smye, social competence from the perspective of stress and coping.* New York.

Würer, F. (2015). Persönliches Interview, geführt vom Verfasser, August 2015.

Wüstenhagen, C. (2011). Meine Gefühle und ich. *Zeit online*, 02.2011. Zugegriffen am 09.09.2015. http://www.zeit.de/zeit-wissen/2011/02/Lernen-Gefuehle

Zimmer, D. (1978). Die Entwicklung des Begriffes der Selbstsicherheit und sozialen Kompetenz in der Verhaltenstherapie. In R. Ullrich & R. Ullrich de Muynk (Hrsg.), *Soziale Kompetenz. Experimentelle Ergebnisse zum Assertiveness-Trainingsprogramm ATP* (Bd. 1, S. 469–482). München: Pfeiffer.

Lebensweisheiten und Tipps

4

Im vorigen Kapitel habe ich euch die wesentlichen Key Skills für ein gezieltes Vorankommen im Arbeitsleben vorgestellt.

Nachfolgend werde ich euch wichtige Handlungsempfehlungen/Tipps zu diesen Key Skills aufzeigen. Hier werden keine Hintergründe erklärt oder dahinterliegende Theorien vorgestellt – ihr erfahrt lediglich, worauf es bei den jeweiligen Punkten ankommt.

4.1 Persönliche Skills oder wie ihr euch zu selbstkompetenten Persönlichkeiten entwickeln könnt

Erreichte Authentizität bedeutet selbst erlebte Kompetenz. Sie ist Kompetenz, die von anderen wahrgenommen wird und ein in sich stimmiges Selbstbewusstsein ausstrahlt. (Thomas Würzburger)

Selbstkompetente Menschen vereinen in ihrem Handeln drei wichtige Aspekte: Sie sind in ihrem Tun intrinsisch motiviert, sie behalten dabei die Selbkontrolle und sie kennen ihre Stärken und Schwächen sehr gut.

Weitere persönliche Key-Skills sind die Entscheidungskompetenz und ein Durchhaltevermögen im Sinne der Erfolgsformel:

Erfolg = Motivation (M) x Volition (V) x Ergebnis (E) + Resilienz (R)

© Springer Fachmedien Wiesbaden 2016
T. Würzburger, *Key Skills für die Generation Y*,
DOI 10.1007/978-3-658-12738-1_4

a. *Intrinsische Motivation*

Suche und tue, was Du liebst. Ändere, was in Deiner Macht steht, damit Du es wieder lieben kannst. Verlasse es erst, wenn Du dies alles getan hast! (Thomas Würzburger)

Es geht nicht darum, was eure Lieben von euch erwarten, es geht ausschließlich darum, was in euch brennt. Wer das tun kann, was in ihm brennt, der ist imstande, Höchstleistungen zu erzielen. Folgt unbeirrt eurem Weg. An eurem Erfolg könnt ihr dann ohnehin eure Lieben teilhaben lassen. Sie werden euch danken und durch euch glücklich sein.

b. *Selbsterkenntnis*

Wer sich selbst erkennt, ist weise (Laotse)

Der Leitsatz „Erkenne Dich selbst!" gilt seit dem antiken Griechenland und ist als weise Lebensaufgabe zu verstehen. Er gilt von Geburt an und endet erst mit dem Tod. Vollkommene Selbsterkenntnis zu erreichen, ist wohl kaum zu schaffen. Zu tiefgründig und gleichsam zu oberflächlich sind wir Menschen in unseren subjektiven Wahrnehmungen, Gedanken, Gefühlen und Taten. Und gerade deshalb ist es eine Lebensaufgabe, der ihr euch schon in jungen Jahren stellen sollt.

- Seid euch dessen bewusst, dass jeder von euch einzigartig ist!
- Wenn ihr eure Schwächen und Stärken kennt und euch zu ihnen bekennt, seid ihr auf dem besten Weg zur Selbstkompetenz.
- Habt Vertrauen in eure Talente und sucht eure Talente, denn das, was ihr gut könnt, das macht ihr auch gerne.
- Stellt euch regelmäßig die Frage nach dem Warum! Warum bist gerade Du einzigartig?
- Jeder Mensch hat seine Sonnenseiten und Schattenseiten. Derselbe Mensch kann euch heute lieben und in ein paar Jahren aus tiefstem Herzen hassen.
- Vieles hängt von euch selbst ab. Der Kontext bestimmt aber oft das Handeln.
- Sucht euch einen Coach und wartet nicht, bis ihr vom Chef zu einem Coach geschickt werdet!
- Nützt – wenn möglich – die Chance, einen firmeninternen Mentor zu bekommen. Er kann euer Einstiegshelfer und wertvoller Wegbegleiter sein.
- Stellt euch die Frage, wo euer Selbstbild nicht mit dem Fremdbild anderer übereinstimmt! Warum kann das so sein?
- Bildet euch weiter! Herzensbildung und klassische Ausbildung sind in guten Kursen trainierbar.

- Vergesst nicht, dass der Tod zu eurem Leben dazugehört. Was habt ihr erreicht, wenn es morgen so weit ist?

c. **Selbstkontrolle und Ich-Steuerung**

Ich bin wahrhaftig ein König, denn ich weiß mich selbst zu beherrschen. (Pietro Aretino, 1492–1556)

Seine emotionalen Grenzen zu erkennen bedeutet auch, Selbstkontrolle zu gewinnen. Wer sich selbst in schwierigeren Situationen im Griff hat, gewinnt an Souveränität! Es geht nicht um das Unterdrücken von Gefühlen, sondern um das Erkennen und Erspüren nach innen.

- Versucht, eure Gefühle früh zu „hören" und als innere „Schönmacher des Lebens", aber auch Warnsignale im Körper zu spüren.
- Sollten eure Gefühle zu stark werden, führt eine Atem- und Entspannungsübung durch, entwickelt eure persönliche Verhaltensweise.
- Akzeptiert eure persönliche Verwundbarkeit.
- Tretet für eure Bedürfnisse aktiv ein.
- Nehmt euch nicht alles zu Herzen. Auch der Baum schüttelt das Blatt zu gegebener Zeit ab.
- Gesteht euren Mitmenschen ihre Verwundbarkeit und ihre Bedürfnisse zu. Auch Vorgesetzte sind verwundbare Wesen.
- Vermeidet vorschnelle Urteile gegen andere.
- Jeder von euch hat ein Quantum Energie mit auf seinen Lebensweg bekommen. Geht sorgsam damit um. Macht Pausen für Körper, Geist und Seele.
- Lenkt eure impulsive Energie in eine konstruktive Richtung und ihr werdet als offener und vertrauenswürdiger wahrgenommen.

d. **Entscheidungskompetenz**

Quidquid agis, prudenter agas et respice finem
   (Aesop, 6. Jahrhundert v. Chr: Was auch immer Du tust, tue es klug und bedenke das Ende!)

Kluge Entscheidungen haben zwar mit Vernunft zu tun, viel wichtiger als der klare Verstand ist aber die zugrunde liegende Gefühlswelt. Entscheidungskompetenz ist keine Garantie zum Glück, sie bringt euch aber auf den richtigen Weg.

- Nehmt eure somatischen Marker als Unterstützung in Entscheidungsprozessen wahr.
- Versucht nicht, Dinge auf Biegen und Brechen zu verfolgen, obwohl euch euer Bauchgefühl schon lange etwas anderes vermittelt.

- Eure somatischen Marker sind das Ergebnis eurer gesamten, individuellen Sozialisation, seht sie daher nicht als Störfaktor für euer logisches Denken.
- Trefft Entscheidungen. Seht dies nicht als Bürde, sondern seid dankbar, diese Eigenverantwortung in Freiheit übernehmen zu dürfen.

Lebensentscheidungen – Purpose of Life

Mut steht am Anfang des Handelns, Glück am Ende. (Demokrit 460–370 v. Chr.)

Entscheidungskompetenz braucht Mut, neue Wege zu gehen, und die Bereitschaft, die Kosten der eigenen Entscheidung zu akzeptieren, denn jede Entscheidung ist mit Konsequenzen verbunden. Bei langfristigen, essenziellen Entscheidungen geht es nicht mehr um unmittelbare Bedürfnisbefriedigung zum besten Preis zu vergleichbarer Qualität, sondern um eure Visionen und Werte im Leben.

Die Frage nach dem Purpose of Life ist die Frage nach eurem eigenen Y (Why). Dieses Warum ist unmittelbar mit der Sinnfrage verbunden. Warum bin ich auf der Welt? Was verleiht meiner Arbeit Sinn? Was ist mein Lebenszweck?

- Sucht nach eurer eigenen Vision im Leben und verbindet sie mit einem zielorientierten Vorgehen.
- Nehmt euch bewusst Auszeiten, um Energie für wichtige Entscheidungen verfügbar zu haben.
- Priorisiert die wichtigen Entscheidungen. Unterscheidet die wesentlichen Lebensentscheidungen von anderen (wichtigen) Dingen.
- Schenkt euren Partnern Gehör, auch wenn sie eure Intentionen nicht befürworten oder euch zum Zweifeln bringen.
- Scheut nicht davor zurück, euren eigenen Weg zu gehen, auch wenn dies bedeutet, gegen gesellschaftliche und familiäre Zwänge bestehen zu müssen.

Um zu erkennen, ob ihr mit eurer Arbeit noch auf dem richtigen Weg seid, prüft die folgenden Rechte, die euch eure Arbeit gewährleisten soll (auszugsweise nach Max de Pree):

- Das Recht, gebraucht zu werden
- Das Recht auf Verständnis
- Das Recht, euer Schicksal selbst zu gestalten
- Das Recht, Verantwortung zu übernehmen
- Das Recht, Widerspruch einzulegen

- Das Recht, euch zu engagieren
- Könnt ihr alle Rechte in eurer Arbeit wiedererkennen und erleben?

e. *Durchhaltevermögen*

Sich auf dem Erbe seiner Mütter und Väter auszuruhen, ist sicher nicht der Weg zum nachhaltigen Glück (Thomas Würzburger)

Erfolgreiche Arbeitskräfte zeigen Durchhaltevermögen. Sie schaffen es, schwierige Zeiten durchzustehen, und sie kommen daraus gestärkt hervor – um neue Erfahrungen reicher. Wahres Durchhaltevermögen braucht vier Faktoren: Motivation (M) x Volition (V) x Ergebnis (E) + Resilienz (R)

- Fokussiert eure Energie auf das Wesentliche.
- Setzt eure Willenskraft für klare, erreichbare Ziele ein.
- Auch kleinere Erfolgserlebnisse sollten gewürdigt werden.
- Vertraut auf eure Stärken und setzt euch für eure Bedürfnisse ein.
- Nehmt euch genug Zeit zur Reflexion und Planung.
- Orientiert euch an positiven Werten. Sinnstiftende Arbeit fördert Motivation und Selbstdisziplin.
- Niederlagen sind wertvolle Erfahrungen auf eurem Weg zur reifen Persönlichkeit.

Handlungsempfehlungen eines ehemaligen Spitzensportlers:

- Glaube an Deine eigenen Fähigkeiten.
- Erkenne Dich, um zu wissen, welches Potenzial Du hast. Man hat oft viel mehr drauf, als man sich selbst zutraut.
- Nicht aufgeben! Weiterkämpfen, auch wenn es mal holprig wird.
- Visionen vor Augen haben.
- Klare und ambitionierte Ziele setzen.

Top-Verhaltensmerkmale und Eigenschaften, die eine erfolgreiche Arbeitskraft kennzeichnen:

- Hat ein ausgeprägtes Durchhaltevermögen
- Kann ohne Probleme gezielt negative Stimmung verbessern
- Bekommt genügend Anerkennung wegen guter Leistungen
- Lenkt Energien bewusst auf klar formulierte Ziele
- Kann seine Gefühle in einer Weise beeinflussen, die seine Arbeit erleichtert

- Weiß in jeder Situation, was er will
- Neigt in schwierigeren Situationen nicht dazu, starken Widerständen und Problemen auszuweichen
- Erledigt auch unangenehme Dinge, ohne zu zögern
- Braucht nach Niederlagen nicht lange, um sich wieder zu erholen
- Ergreift konkrete Maßnahmen zur Steigerung seiner Energie

4.2 Soziale Skills oder was euch helfen kann, sozialkompetent zu handeln

Wir Menschen sind von Natur aus soziale Wesen, um sozialkompetente Wesen zu werden, müssen wir auch etwas dafür investieren. Zeit in uns selbst. (Thomas Würzburger)

Wer in unserer vernetzten Wirtschaftswelt Erfolg haben möchte, braucht neben den persönlichen Key Skills auch Soziale Kompetenz.

Handlungsempfehlungen zu Sozialkompetenz und Kommunikationsfähigkeit sind nicht leicht zu formulieren, da diese Kompetenzbereiche nicht nur vom Einzelnen her, sondern vom sozialen Kontext bestimmt werden.

Ich empfehle euch daher, die nachfolgenden Fragen zu beantworten bzw. Feedback von Kollegen und Freunden einzuholen zu der Schlüsselfrage „Wie sozialkompetent wirke ich auf Dich bzw. handle und kommuniziere ich aus Deiner Sicht?". Im Konkreten könnt Ihr euch zu folgenden Fragen Gedanken machen:

- Habt ihr eure eigenen Ziele gesetzt und schafft ihr es, diese mit anderen oder durch andere zu erreichen? Wenn nicht, was braucht ihr noch dazu?
- Könnt ihr eure eigenen Wünsche und Bedürfnisse verständlich artikulieren?
- Erkennt ihr eure eigenen Gefühle und könnt ihr diese auch ausdrücken?
- Hört ihr gut zu? Mit welchem der vier Ohren?
- Könnt ihr zwischen Interessen und Personen gut trennen?
- Besitzt ihr Überzeugungskraft? Wie schafft ihr es, andere in eure Richtung zu bringen?
- Könnt ihr Teams aufbauen? Könnt ihr ein Team leiten und begeistern?
- Schafft ihr es, ein Team auf ein Ziel zu fokussieren?
- Seid ihr offen für neue Erfahrungen? Auch in einem völlig neuen Umfeld?
- Könnt ihr Kritik offen zulassen und gegebenenfalls auch annehmen?
- Habt ihr Trainings, Coachings in Anspruch genommen? Welche wären noch sinnvoll, um in diesem komplexen Thema weiterzukommen?

- Woran erkennt ihr, dass ihr in einem Konflikt seid? Auf welcher Stufe?
- Könnt ihr auch Nein sagen? Euch abgrenzen?

a. *Vertrauen*

Vertrauen ist eine zarte Pflanze. Ist es zerstört, kommt es sobald nicht wieder. (Fürst von Bismarck)

In einer Arbeitswelt, in der immer mehr einzelne, kurzfristige Vertragsverhältnisse entstehen, wird die zwischenmenschliche Beziehung – getragen von Vertrauen – immer erfolgskritischer. Relative Sicherheit in diesem fluiden Umfeld bietet euch „erworbenes Vertrauen am Markt".

Wie bei vielen Kompetenzen beginnt auch bei dieser Kompetenz der erste Schritt bei euch selbst: bei eurem Selbstvertrauen. Wer selbstkompetent wirkt und im Kontext sozialkompetent agiert, wird für seine Ergebnisse auch positives Feedback erhalten. Diese stärken das Selbstvertrauen, denn eure Partner und Netzwerkfreunde kommunizieren untereinander und euer Standing wird immer besser.

Vertrauen ist die Basis für erfolgreiche Kooperation. Sie entsteht aber erst durch (mühevolle) Arbeit und muss erst erworben werden.

Meine vier goldenen Vertrauensregeln

- Baut euer ganzes Leben auf Vertrauen auf.
- Zuverlässigkeit schützt euch vor dem Verlassenwerden.
- Vertrauen hat viel mit eurem Selbstvertrauen zu tun.
- Kontrolle und Vertrauen schließen einander nicht aus.

Vertrauensregeln nach Stephen Covey

- Redet immer so über andere, als wären sie anwesend!
- Liefert Ergebnisse! Zeigt Engagement und haltet euch an Zeitpläne und Budget!
- Verbessert euch! Nehmt Feedback mit Demut an und richtet euer Handeln danach!
- Als junge Führungskraft schafft Transparenz! Verzichtet auf versteckte Agenden und Heimlichkeiten!
- Macht eure Fehler wieder gut! Entschuldigt euch, wenn ihr im Unrecht seid!
- Stellt euch der Realität und steckt den Kopf nicht in den Sand!
- Klärt eure Erwartungen und sprecht offen darüber!
- Übernehmt Verantwortung für eure Ergebnisse, auch wenn etwas schiefgeht!
- Hört zuerst zu, bevor ihr sprecht, und nehmt nicht an, dass ihr wisst, was der andere sagen will.

- Haltet euer Versprechen und achtet darauf, dass ihr Versprechen gebt, die ihr einhalten könnt.
- Schenkt anderen euer Vertrauen!

b. *Führungskompetenz*

Wenn Du einen Würdigen siehst, dann trachte ihm nach zueifern, wenn Du einen Unwürdigen siehst, dann prüfe Dich und Dein Inneres! (Konfuzius)

Chef ist, wer gute Ergebnisse durch andere erzielt. Waren früher die „Untergebenen" aufgrund der strengen Hierarchie gewohnt zu folgen, so braucht heute ein Chef allerdings eine gute Portion Empathie, um seine Mitarbeiter für ein gemeinsames, akzeptiertes Vorhaben gewinnen zu können.

Um auch nachhaltig eine wirksame Führungskraft sein zu können, ist Vertrauensaufbau notwendig. Vertrauen wird, wie wir schon erkennen konnten, für alle erfolgreichen Mitarbeiter immer wichtiger. Noch mehr gilt dies für Menschen, die Führungsfunktionen innehaben werden.

In einer Arbeitswelt, in der Grenzen nicht mehr klar erkennbar sind, sind stabile Vertrauensanker notwendig, Führende, die Mannschaften Orientierung geben können. Geführte haben in der Regel ein besonders starkes Bedürfnis nach Orientierung und Sicherheit.

- Das Team darf/soll ruhig spüren, dass ihr (intrinsisch) gerne führt.
- Gebt ihnen – so früh wie möglich – das, was sie brauchen: Orientierung und Sicherheit.

Gute Führung bedeutet:

- Orientierung geben, im Sinne von klaren Zielen
- Rahmung geben, im Sinne von Methoden und akzeptierten Verhaltenskonventionen
- Sicherheit stiften, im Sinne von Unterstützung auf dem Weg zum Ziel
- Nachhaltig Vertrauen schaffen, im Sinne von Integrität und Vorbildwirkung
- Entscheidungen treffen, im Sinne des geplanten Ergebnisses bei Verantwortungübernahme
- Moderieren bzw. kommunizieren, im Sinne von größerer Transparenz und Akzeptanz im Team
- Gefühle und Bedürfnisse der Mitarbeiter erkennen und darauf eingehen
- Mut haben, Feedback zu geben auch bei unangenehmen Situationen
- Demut haben und kritisches Feedback annehmen können

4.3 Projektmanagement-Kompetenz oder wie ihr euch für die in Zukunft wichtigste Arbeitsform wappnen könnt

Es ist nicht genug zu wissen, man muss es auch anwenden. Es ist nicht genug zu wollen, man muss es auch tun. (Goethe)

Unabhängig davon, ob ihr in einer führenden Projektmanagerrolle oder geführten Teamrolle arbeiten werdet, das strukturierte Arbeiten in Projekten wird bei der Fülle von komplexen Vorhaben in unserer dynamischen Umwelt immer bedeutender werden.

Ich empfehle euch zuallererst Offenheit für diese Arbeitsform. Niemand braucht Angst zu haben vor dieser Disziplin, auch wenn Projekte immer neuartig und riskant sind, denn Projektmanagement ist gesunder Menschenverstand mit Struktur und diese könnt ihr in PM-Lehrgängen erlernen.

• Steigert euren Marktwert.
• Sucht euch geeignete Fortbildungsmaßnahmen.
• Schreckt nicht vor Verantwortung in Projekten zurück.
• Gestaltet euer Arbeitsleben bunter und arbeitet in Projektteams.
• Entwickelt eure eigene Ich-Marke.

Projektarbeit hat Zukunft. Wer sein Fachwissen in verschiedenen Projekten als Projektteammitglied einsetzen kann, gewinnt an Selbstvertrauen, wird in interessanten Teams arbeiten und gut verdienen.

Euren Marktwert könnt ihr steigern, wenn ihr das notwendige Handwerkszeug im Projektmanagement lernt und dies beispielsweise durch eine anerkannte Zertifizierung nachweisen könnt. Wer darüber hinaus Projekte leitet, betritt immer Neuland und wird im Sinne Goethes viel zu erzählen haben. („Wer eine Reise tut, hat viel zu erzählen.")

Eure eigene Ich-Marke könnt ihr aber in unserem dynamischen, projektorientierten Arbeitsumfeld nur entwickeln, wenn ihr euch zur selbstkompetenten, unverwechselbaren Persönlichkeit entwickelt habt, im Sinne der in diesem Buch erwähnten Skills.

Sachverzeichnis

© Springer Fachmedien Wiesbaden 2016
T. Würzburger, *Key Skills für die Generation Y,*
DOI 10.1007/978-3-658-12738-1

Printed by Printforce, the Netherlands